Wolfgang Tietze, Käthe-Maria Schuster, Katja Grenner, Hans-Günther Roßbach
Deutsche Fassung der Early Childhood Environment Rating Scale – Revised Edition von Thelma Harms, Richard M. Clifford, Deborah Reid Cryer
Kindergarten-Skala (KES-R) – Revidierte Fassung

Stufe 1   1x Ja = man bleibt auf dieser Stufe ~ sonst weiter mit 3

Stufe 3   1-2x Nein ~ zurück auf 2
          mehr als die Hälfte ~ zurück auf 1S ~ alles mit Ja = weiter mit 5

Stufe 5   1x Nein ~ zurück auf 4
          mehr als die Hälfte o. alle ~ zurück auf 3 ~ alles mit Ja = weiter mit 7

Stufe 7   1x Nein ~ zurück auf 6 ~ alle Nein auf 5

Frühe Kindheit | Qualitätssicherung

Wolfgang Tietze, Käthe-Maria Schuster, Katja Grenner, Hans-Günther Roßbach

Deutsche Fassung der Early Childhood Environment Rating Scale – Revised Edition von Thelma Harms, Richard M. Clifford, Deborah Reid Cryer

Kindergarten-Skala (KES-R)
Revidierte Fassung

Feststellung und Unterstützung pädagogischer Qualität in Kindergärten
3. überarbeitete Auflage

Ihre Wünsche, Kritiken und Fragen richten Sie bitte an:
Cornelsen Verlag Scriptor, Redaktion Frühe Kindheit,
Willy-Brandt-Platz 6, 68161 Mannheim

Ihre Bestellungen und Anfragen richten Sie bitte an:
Marketing, 14328 Berlin, Cornelsen Service Center,
Servicetelefon 030/89 78 58 929

Titel der amerikanischen Originalausgabe:
Early Childhood Environment Rating Scale
– Revised Edition (ECERS-R)

© 2005 by Thelma Harms, Richard M. Clifford and Deborah Reid Cryer
First published by Teachers College Press, 1234 Amsterdam Avenue, New York,
NY 10027. Translated and reprinted with permission.

ISBN 978-3-589-25328-9

Alle Rechte vorbehalten

© 2007 Cornelsen Verlag Scriptor GmbH & Co. KG, Berlin · Düsseldorf · Mannheim
3. Auflage 2005

07 08 09 10 11   5 4 3 2

Das Werk und seine Teile sind urheberrechtlich geschützt. Jede Nutzung in anderen als den gesetzlich zugelassenen Fällen bedarf der vorherigen schriftlichen Einwilligung des Verlages. Hinweis zu § 52 a UrhG: Weder das Werk noch seine Teile dürfen ohne eine solche Einwilligung eingescannt und in ein Netzwerk eingestellt werden. Dies gilt auch für Intranets von Schulen und sonstigen Bildungseinrichtungen.

Redaktionsleiterin: Ulrike Bazlen, Mannheim
Herstellung: Anja Kuhne, Leipzig
Satz: Dirk Stoewer, Berlin
Druck und Bindung: Druck Partner Rübelmann GmbH, Hemsbach
Umschlaggestaltung: Claudia Adam Graphik-Design, Darmstadt
Titelfotografien: Jochen Fiebig, München; Leutewitzer Kinderwelt, Dresden;
Anja Doehring, Lübeck; Heidi Velten, Leutkirch-Ausnang

Printed in Germany

Weitere Informationen finden Sie im Internet unter
www.cornelsen.de

Informationen über Trainingskurse zur Anwendung der KES-R erhalten Sie über folgende Adresse:

Pädagogische Qualitäts-Informations-Systeme gGmbH
- Kooperationsinstitut der Freien Universität Berlin -
FB Erziehungswissenschaft und Psychologie
Arbeitsbereich Kleinkindpädagogik
Habelschwerdter Allee 45, Postfach 8, 14195 Berlin

Fax:(030) 838 - 54024
Mail:info@paedquis.de
Internet:www.paedquis.de

Vorwort

1997 erschien mit der Kindergarten-Einschätz-Skala (KES) die deutsche Version der Early Childhood Environment Rating Scale (ECERS) von Thelma Harms & Richard Clifford (1980). Mit der KES wurde erstmals im deutschsprachigen Raum ein nach wissenschaftlichen Kriterien entwickeltes Instrument zur Feststellung pädagogischer Qualität in Kindergärten zur Verfügung gestellt. Die große Aufmerksamkeit, die dieser Skala in den vergangenen Jahren von Fachkräften in der Praxis, von Trägern, Fachberaterinnen und der Jugendhilfeadministration entgegengebracht wurde, macht das Interesse an einem solchen Verfahren deutlich.

Nach fast 20 Jahren der Anwendung erschien die revidierte Fassung der amerikanischen Originalskala (Harms, Clifford & Cryer, 1998) basierend auf den langjährigen Erfahrungen in den USA und anderen Ländern. Diese internationale Entwicklung sowie die mehr als dreijährige Erfahrung in der Anwendung der KES im deutschsprachigen Raum führten zu einer Revision, Erweiterung und Verbesserung der KES, deren Ergebnis wir mit der *Kindergarten-Skala (KES-R)* im Jahr 2001 vorgelegt haben. Die Revision war ein langer und anspruchsvoller Prozess, der durch das Bemühen um eine Balance zwischen Kontinuität und Erneuerung gekennzeichnet war.

Die vorliegende 3. Auflage enthält nur geringfügige Veränderungen gegenüber der 2001 publizierten Version. Neu gestaltet wurde der Bewertungsbogen, bei einzelnen Qualitätsmerkmalen wurden sprachliche Präzisierungen vorgenommen, ebenso enthält der Begleittext kleinere redaktionelle Änderungen. Die Veränderungen sind nicht substanziell, so dass die im Jahr 2001 publizierte Form weiterhin benutzt werden kann.

Wir danken an dieser Stelle unseren Forschungspartnern und Kollegen aus verschiedenen Bundesländern für vielfältige, wertvolle Hinweise bei der Entwicklung und Verbesserung der KES-R. Ein besonderer Dank gilt Thelma Harms, Richard Clifford und Debby Cryer, den Autoren der Originalskalen, die uns in Zweifelsfällen mit ihrem fachlichen Rat zur Seite standen. Ein spezieller Dank gilt auch den Mitarbeitern des Landesverbandes Evangelischer Tageseinrichtungen für Kinder, Bremen, für ihre Hilfe bei der Erarbeitung von Qualitätsmerkmalen zur Integration behinderter Kinder. Nicht zuletzt möchten wir allen beteiligten Einrichtungen und Fachkräften sowie den Datenerhebern in den verschiedenen Forschungsprojekten danken, ohne die die breite empirische Erprobung der KES-R nicht möglich gewesen wäre.

Frau Dipl.-Päd. Daena Schlecht und Frau Dipl.-Päd. Beate Wellner haben tatkräftig an den Überarbeitungen für diese 3. Auflage mitgewirkt. Herr Dipl.-Päd. Dirk Stoewer hat die Textgestaltung kompetent betreut.

Die KES-R hat mit dem Wechsel des Verlages ein neues „Gesicht" bekommen. Sie ist nun als ein Instrument aus der vierteiligen Skalen-Serie zur „Feststellung und Unterstützung pädagogischer Qualität" ausgewiesen.

Parallel zur vorliegenden KES-R erscheinen die *Krippen-Skala (KRIPS-R)*, die *Hort- und Ganztagsangebote-Skala (HUGS)* sowie die *Tagespflege-Skala (TAS)*. *Damit* stehen Verfahren zur Erfassung und Unterstützung pädagogischer Qualität in allen institutionellen Formen der Bildung, Betreuung und Erziehung von Kindern (Kindertageseinrichtungen für 0-6jährige Kinder, Horte, außerunterrichtliche Angebote in Ganztagsschulen) sowie in der semi-institutionellen Form der Tagespflege zur Verfügung.

Wir freuen uns auf Rückmeldungen, Erfahrungen und Verbesserungsvorschläge.

Wolfgang Tietze, Käthe-Maria Schuster, Katja Grenner, Hans-Günther Roßbach

Inhaltsverzeichnis

	Seite
1. Qualitätskonzept der KES-R	6
2. Einführung in die neue Version	7
3. Aufbau der KES-R	8
4. Anwendung der KES-R	10
5. Begriffe und Erläuterungen in der KES-R	14
6. Nutzungsmöglichkeiten der KES-R	15
7. Technische Qualität der KES-R	62
8. Literaturverzeichnis	66

Anhang:
Bewertungsbogen
Auswertungsblatt
Profil

1. Qualitätskonzept der KES-R

Wer sich mit Fragen der Qualität in Kindergärten[1] befasst, sieht sich einem vieldimensionalen und facettenreichen Gegenstandsbereich gegenüber. In Abhängigkeit davon, welche Bezugsgruppe die Frage nach der Qualität stellt, fallen die Antworten unterschiedlich aus. Für *Eltern*, die z.B. an langen und flexiblen Öffnungszeiten interessiert sein mögen, stellt sich Qualität aus einer anderen Perspektive dar als für *Fachkräfte*, die an eigenen familienfreundlichen Arbeitszeiten interessiert sind und denen es auch um die Qualität ihres Arbeitsplatzes gehen mag. Wiederum andere Qualitätsgesichtspunkte stehen für *Träger* im Vordergrund, die an der Umsetzung ihrer weltanschaulichen und konzeptionellen Auffassungen interessiert sind und auch wirtschaftliche Faktoren bei der Bereitstellung ihrer Betreuungsangebote berücksichtigen. Solche Perspektiven auf Qualität sind legitim, haben aber nur einen indirekten Bezug zu dem, was als *pädagogische Qualität* bezeichnet werden kann: Wir gehen davon aus, dass den Interessen und der Perspektive des Kindes und der an seiner Erziehung und Entwicklung interessierten Eltern eine Vorrangstellung unter den verschiedenen möglichen Sichtweisen zukommt.

Pädagogische Qualität rückt die Sichtweise und das stellvertretend wahrgenommene Interesse des Kindes an guter Bildung, Betreuung und Erziehung in den Mittelpunkt und macht diese zum Maßstab für die Qualität eines Kindergartens. Diese Sichtweise stellt zweifellos eine Zuschärfung des Blickwinkels dar, wodurch andere, durchaus auch berechtigte Sichtweisen auf die Qualität eines Kindergartens ausgeblendet werden. Wir gehen jedoch davon aus, dass dem Wohlbefinden und den Entwicklungschancen von Kindern Priorität zukommt.

Pädagogische Qualität ist in Kindergärten dann gegeben, wenn diese die Kinder körperlich, emotional, sozial und intellektuell fördern, ihrem Wohlbefinden sowie ihrer gegenwärtigen und zukünftigen Bildung dienen und damit auch die Familien in ihrer Bildungs-, Betreuungs- und Erziehungsverantwortung unterstützen.

Auch unter dem Blickwinkel pädagogischer Qualität haben wir es mit einem komplexen Gebilde zu tun, bei dem mehrere Ebenen unterschieden werden können. Im Anschluss an Tietze u.a. (1998, 2005) unterscheiden wir die drei folgenden Ebenen pädagogischer Qualität in Kindergärten:

Pädagogische Orientierungsqualität. Sie bezieht sich auf das Bild vom Kind, das die Erzieherinnen haben, ihre Auffassungen über die Bildung und Entwicklung von Kindern, über Bildungsangebote und Bildungsformen, über Erziehungsziele und Erziehungsmaß-

---

[1] Im Folgenden wird der Begriff „Kindergarten" als Oberbegriff für die verschiedenen Formen der Gruppenbetreuung für Kinder im Alter von drei Jahren bis zum Schulbeginn benutzt. Er umfasst damit Halbtags- wie Ganztagseinrichtungen und auch verschiedene Formen der Altersmischung.

nahmen, über die Aufgaben von Familie und Einrichtung.

Pädagogische Strukturqualität. Sie bezeichnet Rahmenbedingungen, die der Praxis vorgegeben sind und die vorwiegend politisch geregelt bzw. regulierbar sind. Sie umfasst personale Merkmale wie das Ausbildungsniveau von Erzieherinnen oder auch die ihnen zugestandene Vorbereitungszeit, soziale Merkmale wie Gruppengröße, Altersmischung der Gruppe, Erzieher-Kind-Schlüssel und räumlich-materiale Merkmale wie Anzahl und Größe der zur Verfügung stehenden Räume.

Pädagogische Prozessqualität. Sie bezieht sich auf die Dynamik des pädagogischen Geschehens, den Umgang mit dem Kind, auf entwicklungsangemessene, bildungsfördernde Anregungen und die Bedürfnisse der Kinder abgestellte Interaktionen.

Die KES-R gibt einen umfassenden Überblick über die *pädagogische Qualität der Prozesse* in einer Kindergartengruppe. Im Zentrum steht die einzelne Gruppe und zunächst nicht eine Einrichtung insgesamt. *Prozessqualität* wird dabei in einem breiten Sinne verstanden. Sie beinhaltet auch gewisse Voraussetzungen wie konzeptionelle Aspekte, Aspekte der räumlich-materiellen Ausstattung und ihrer Nutzung, insbesondere aber solche der bildungs- und entwicklungsfördernder Interaktionen zwischen Erzieherinnen und Kindern, den Kindern untereinander sowie zwischen den Erwachsenen. In diesem Sinne verstehen wir unter pädagogischen Prozessen all das, was den konkreten Bildungs- und Erfahrungsraum eines Kindes in der Einrichtung unmittelbar gestaltet und beeinflusst.

Die KES-R umfasst nicht das vollständige Spektrum aller denkbaren relevanten Aspekte, die für die Realisierung guter Qualität in einem Kindergarten bedeutsam sein können. So werden Aufgaben der Leitung und des Trägers nicht explizit benannt.

Wie schon die KES ist auch die KES-R nicht auf ein spezifisches pädagogisches Konzept bezogen. Was als gute oder unzureichende pädagogische Qualität betrachtet wird, basiert auf einer Vielzahl von empirischen Untersuchungen zu frühkindlichen Erziehungs- und Betreuungsumwelten und reflektiert die Qualitätsstandards, die Experten, Forscher und Berufsorganisationen weltweit über kulturspezifische und konzeptbezogene Kriterien hinaus in einem weitgehenden Konsens als bedeutsam erachten.

Die KES-R umfasst 43 Merkmale, die sich auf die Förderung der Kinder im physischen, sozialen, emotionalen und kognitiven Bereich beziehen und dabei Anforderungen an die Ausstattung der Einrichtung und deren Nutzung sowie an Aufgaben der Erzieherinnen zugrunde legen. Der Auswahl und Formulierung der Merkmale liegen folgende grundlegende pädagogische Orientierungen zugrunde:
1. Kinder sind aktiv Lernende; sie lernen durch ihre Aktivitäten, durch das, was sie tun, hören, erfahren und sehen.

2. Kinder lernen durch die Interaktionen mit ihren Erzieherinnen und anderen Erwachsenen wie auch durch die Interaktionen mit anderen Kindern. Sprachliche und nichtsprachliche Interaktionen mit Erwachsenen sind wichtig zur Anregung kindlicher Bildungsprozesse.
3. Eine räumlich-materiale Umwelt, die so organisiert ist, dass Kinder maximal unabhängig und erfolgreich sein können, gibt den Kindern mehr Gelegenheit für produktive Interaktionen, Diskussionen und Freude.
4. Kinder benötigen emotionale Wärme und Geborgenheit und räumliche Möglichkeiten, die diesen Bedürfnissen entgegenkommen, sowie vorhersagbare Routinen, um sich sicher und geschützt zu fühlen.
5. Eine gute Umwelt für Kinder sollte auch den Bedürfnissen der Erwachsenen, die in ihr arbeiten, gerecht werden.

Als Indikatoren für pädagogische Qualität werden zudem ein hohes Maß an Individualisierung der pädagogischen Arbeit und eine auf die Kinder und ihre Bedürfnisse ausgerichtete Planung, die Flexibilität und Veränderung zulässt, angesehen.

2. Einführung in die aktuelle Version

Die *Kindergarten-Skala (KES-R)* ist eine Überarbeitung der *Kindergarten-Einschätz-Skala (KES)*. Der allgemeine Aufbau der KES hat sich in vielen Qualitätsfeststellungen bewährt und wurde deshalb beibehalten. Die KES-R basiert auf dem gleichen Qualitätskonzept wie die KES und erfasst somit die Qualität konzeptioneller, räumlicher und interaktionaler Merkmale, die Komponenten des Prozessgeschehens darstellen, bzw. Einfluss auf das Prozessgeschehen haben. Bei der Überarbeitung ging es zum einen darum, die Merkmale beizubehalten, die die KES in der Vergangenheit zu einem erfolgreichen Verfahren zur Qualitätsfeststellung für Forschung und Praxisverbesserungen gemacht haben. Zum anderen wurden sowohl die Erfahrungen, die weltweit bei der Anwendung der Originalversion ECERS und im deutschsprachigen Raum bei der Anwendung der KES von Wissenschaftlern und Praktikern gemacht wurden, als auch neuere Forschungsergebnisse zum Zusammenhang von Qualität und kindlicher Förderung bei der Überarbeitung berücksichtigt.

Im Einzelnen wurden bei der Überarbeitung folgende Veränderungen vorgenommen:
– Die Anzahl der Qualitätsmerkmale wurde von 37 auf 43 erweitert.
– Einige Merkmale der KES wurden zusammengefasst, um Redundanz zu vermeiden.
– Andere Merkmale der KES wurden in mehrere Merkmale getrennt, um den Inhalt breiter und vertieft zu erfassen.
– Zur Einschätzung der Qualität der Integration behinderter Kinder oder Kinder anderer Kulturen wurden keine eigenen Merkmale vorgesehen, sondern entsprechende Aspek-

te in bestehende Merkmale eingearbeitet.

Methodisch wurde die Form von Einschätzskalen mit den sieben Bewertungsstufen 1 (unzureichend), 3 (minimal), 5 (gut) und 7 (ausgezeichnet) beibehalten. Im Einzelnen wurden aber bei der Überarbeitung die folgenden Veränderungen vorgenommen:

– Es wird systematisch zwischen „Merkmalen" und „Aspekten" unterschieden. Für jedes Merkmal und für jede der Skalenstufen 1, 3, 5 und 7 sind ein bis mehrere Aspekte angeführt, die die jeweilige Stufe charakterisieren. Diese Aspekte sind innerhalb jeder Stufe durchnummeriert.

– Im neuen Bewertungsbogen (Muster im Anhang) ist für jeden Aspekt vorgesehen, ihn mit „Ja = diese Beschreibung trifft zu" oder „Nein = diese Beschreibung trifft nicht zu" zu markieren. Bei einigen Merkmalen ist auch „NA = Nicht Anwendbar" möglich. Durch diese Differenzierung in Einzelaspekte wird eine eindeutige Basis für die Gesamtbewertung eines Merkmals gewonnen.

– Bei vielen Merkmalen wurden Hinweise und Beispiele hinzugefügt, um zusätzliche Informationen zur genaueren Bewertung zu geben.

– Die ergänzenden Hinweise sind zur besseren Nutzung unterhalb der Merkmale gedruckt.

– Für Qualitätsaspekte, die nicht so leicht zu beobachten sind, sondern erfragt werden müssen, sind Beispielfragen vorhanden, die ebenfalls unterhalb der Merkmale abgedruckt sind.

3. Aufbau der KES-R

Die KES-R beinhaltet 43 Merkmale. Jedes Merkmal beinhaltet verschiedene Aspekte, die das Merkmal differenziert beschrieben. Die 43 Merkmale sind in sieben übergeordneten Bereichen zusammengefasst:

3.1 Bereiche

I. Platz und Ausstattung (8 Merkmale)

Die Merkmale beziehen sich auf die Größe, die Ausstattung mit Mobiliar und Materialien sowie die räumliche Gestaltung, die die physische und psychische Entwicklung der Kinder und die pädagogische Arbeit unterstützen.

II. Betreuung und Pflege der Kinder (6 Merkmale)

Die Merkmale beschreiben die Gestaltung von Begrüßung/Verabschiedung, Mahlzeiten, Ruhe- und Schlafzeiten, Körperpflege und damit wichtige Aspekte des körperlichen Wohlbefindens der Kinder, ihrer Sicherheit und Gesundheit.

III. Sprachliche und kognitive Anregungen (4 Merkmale)

Die Merkmale erfassen Materialien, Aktivitäten und Anregungen der Erzieherinnen, die die Kinder unterstützen, grundlegende Sachverhalte und Zusammenhänge in ihrer Umwelt zu erfassen und ihren kommunikativen Bedürfnissen und Fähigkeiten gerecht werden und diese weiterentwickeln.

IV. Aktivitäten (10 Merkmale)

Die Merkmale erfassen Materialien, Aktivitäten und Anregungen der Erzieherinnen, die den Kindern ermöglichen, ihre Umwelt in vielfältiger Weise zu erkunden, kreativ zu gestalten und ihre Interessen, Fähigkeiten und Fertigkeiten weiterzuentwickeln.

V. Interaktionen (5 Merkmale)

Die Merkmale beschreiben die Verantwortung und Rolle der Erzieherinnen bei der Gestaltung des Zusammenlebens mit den Kindern, die Atmosphäre der Beziehungen zwischen allen Beteiligten und die Unterstützung eines Klimas der Akzeptanz und Toleranz.

VI. Strukturierung der pädagogischen Arbeit (4 Merkmale)

Die Merkmale beziehen sich auf die Gestaltung des Alltages in seiner zeitlichen Abfolge, auf die Balance zwischen fester Struktur und Flexibilität, das Eingehen auf individuelle Bedürfnisse und auf die Berücksichtigung der Interessen anderer und der Gruppe.

VII. Eltern und Erzieherinnen (6 Merkmale)

In diesen Merkmalen werden die Bedürfnisse der Erwachsenen thematisiert. Dazu gehören sowohl die räumlichen Voraussetzungen für Erwachsene, die Wünsche der Eltern nach Information, Einbeziehung, Bestätigung und Unterstützung als auch die Bedürfnisse der Erzieherinnen nach einer angenehmen Arbeitssituation und Arbeitsatmosphäre, Möglichkeiten der beruflichen Fortbildung und notwendiger Reflexion und Evaluation.

Die 43 Merkmale der KES-R nach 7 übergreifenden Bereichen

I. Platz und Ausstattung
1. Innenraum
2. Mobiliar für Pflege, Spiel und Lernen
3. Ausstattung für Entspannung und Behaglichkeit
4. Raumgestaltung
5. Rückzugsmöglichkeiten
6. Kindbezogene Ausgestaltung
7. Platz für Grobmotorik
8. Ausstattung für Grobmotorik

II. Betreuung und Pflege der Kinder
9. Begrüßung und Verabschiedung
10. Mahlzeiten und Zwischenmahlzeiten
11. Ruhe- und Schlafzeiten
12. Toiletten
13. Maßnahmen zur Gesundheitsvorsorge
14. Sicherheit

III. Sprachliche und kognitive Anregungen
15. Bücher und Bilder
16. Anregung zur Kommunikation
17. Nutzung der Sprache zur Entwicklung kognitiver Fähigkeiten
18. Allgemeiner Sprachgebrauch

IV. Aktivitäten
19. Feinmotorische Aktivitäten
20. Künstlerisches Gestalten
21. Musik und Bewegung
22. Bausteine
23. Sand/Wasser
24. Rollenspiel
25. Naturerfahrungen/Sachwissen
26. Mathematisches Verständnis
27. Nutzung von Fernsehen, Video und/oder Computer
28. Förderung von Toleranz und Akzeptanz von Verschiedenartigkeit/Individualität

V. Interaktionen
29. Beaufsichtigung/Begleitung/Anleitung bei grobmotorischen Aktivitäten
30. Allgemeine Beaufsichtigung/Begleitung/Anleitung der Kinder
31. Verhaltensregeln/Disziplin
32. Erzieher-Kind-Interaktion
33. Kind-Kind-Interaktion

VI. Strukturierung der pädagogischen Arbeit
34. Tagesablauf
35. Freispiel
36. Gruppenstruktur
37. Vorkehrungen für Kinder mit Behinderungen

VII. Eltern und Erzieherinnen
38. Elternarbeit
39. Berücksichtigung persönlicher Bedürfnisse der Erzieherinnen
40. Berücksichtigung fachlicher Bedürfnisse der Erzieherinnen
41. Interaktion und Kooperation der Erzieherinnen
42. Fachliche Unterstützung und Evaluation der Erzieherinnen
43. Fortbildungsmöglichkeiten

3.2 Beschreibung der Skalenstufen

Die einzelnen Merkmale haben die Form von Einschätzskalen mit sieben Bewertungsstu-fen der pädagogischen Qualität von 1 = unzureichend bis 7 = ausgezeichnet. Die ungera-den Skalenstufen sind inhaltlich beschrieben. Angegeben sind jeweils ein oder mehrere Aspekte, deren Vorhandensein die Qualitätsstufe charakterisieren:

– Die **Skalenstufe 1** bezeichnet eine **unzureichende** Qualität. Die Beschreibung be-zieht sich auf eine Situation in der Kindergruppe, in der die in dem Merkmal ange-sprochenen Qualitätsaspekte völlig unzureichend vorhanden oder gestaltet sind.

– Die **Skalenstufe 3** bezeichnet eine **minimale** Qualität. Die Beschreibung bezieht sich auf eine Situation, in der die zu beurteilenden Aspekte in minimaler, gerade noch ver-tretbarer Ausprägung gegeben sind. So ist z.B. grundlegendes Material für die Kinder vorhanden, der Anregungsgrad ist jedoch begrenzt und eine pädagogisch durchdachte Nutzung ist nicht erkennbar.

– Die **Skalenstufe 5** bezeichnet eine **gute** Qualität. Die Beschreibung repräsentiert eine Situation, in der zu den zu beurteilenden Aspekten adäquates Material (soweit erfor-derlich) in adäquaten räumlichen Bedingungen gegeben ist und in der die Kinder mit Unterstützung der Erzieherinnen entwicklungsangemessene Erfahrungen machen kön-nen.

– Die **Skalenstufe 7** bezeichnet eine **ausgezeichnete** Qualität. Die Beschreibung be-zieht sich auf eine Situation, in der die Kinder zu unabhängiger Auseinandersetzung mit dem durch das Merkmal angesprochenen Aspekten aufgefordert werden und indi-viduell auf einzelne Kinder abgestimmte Planungen der Erzieherinnen erkennbar sind.

4. Anwendung der KES-R

4.1 Handhabung der Skala

Die KES-R ist eine Einschätzskala, deren Ergebnisse auf der Grundlage einer mehrstün-digen Beobachtung durch einen geschulten Beobachter, ergänzt um bestimmte Fragen an die Erzieherin, zustande kommen. Die Aussagekraft der Ergebnisse hängt entscheidend von der Genauigkeit der Beobachtung und der ergänzenden Befragung sowie der korrek-ten Beurteilung der einzelnen Merkmale ab. Um zu möglichst genauen und objektiven Ergebnissen zu gelangen, sind für jedes Merkmal Aspekte der Skalenstufen 1, 3, 5 und 7 beschrieben, z.T. ergänzende Hinweise gegeben und mögliche Fragen als Beispiele for-muliert. Trotz dieser Hilfen muss vor einer naiven Anwendung durch ungeschulte Beobachter dringend gewarnt werden. Nicht geschulte Anwender, ob Erzieherinnen, Leiterinnen, Fachberater, Studenten oder Wissenschaftler, bringen als Beobachter jeweils unterschied-liches pädagogisches Vorwissen, berufliche Erfahrungen und pädagogische Orientierun-gen mit und haben unterschiedliche Zugänge zur Beobachtertätigkeit, zum Beobachtungs-feld und zur Interpretation der enthaltenen Merkmale und Begriffe. Damit solche subjek-tiv unterschiedlichen Voraussetzungen nicht zu unterschiedlichen Ergebnissen führen, bedarf es – wie bei sonstigen Beobachtungs- und Einschätzverfahren auch – eines gründ-lichen Trainings der Anwender.

Dies gilt im vorliegenden Fall umso mehr, als es sich bei den zu beobachtenden und ein-zustufenden Qualitätsmerkmalen pädagogischer Prozesse um komplexe Gebilde handelt. In der Praxis hat sich ein mindestens viertägiges Anwendertraining als erfolgreich erwie-sen,

– das eine Einarbeitung in die Grundlagen der KES-R unter pädagogisch-inhaltlichen wie auch unter formal-methodischen Gesichtspunkten beinhaltet,
– das praktische Übungen mit Supervision zum Gegenstand hat und
– das erst dann als erfolgreich abgeschlossen gilt, wenn ein vorgegebenes Maß an Be-obachterübereinstimmung erreicht ist.

Bestandteil des Trainings ist darüber hinaus die Auswertung und Interpretation der Er-gebnisse. Informationen und Nachweise über Trainingskurse können über die angegebene Adresse erfragt werden (vgl. S. 4).

Die folgenden praxisbezogenen Hinweise zur Anwendung der KES-R dürfen nicht als Er-satz für ein Training missverstanden werden. Sie setzen vielmehr den geschulten Anwen-der voraus und stellen ergänzende Hinweise dar, die sich in der Praxis der Anwendung der KES-R bewährt haben.

Lesen

Auch der geschulte Beobachter sollte vor jeder Anwendung die Merkmale einschließlich der ergänzenden Hinweise und möglichen Fragen noch einmal genau lesen. Grundsätzlich sollte mit dem Lesen bei der Skalenstufe 1 (unzureichend) begonnen und aufsteigend bis Stufe 7 (ausgezeichnet) gelesen werden. Durch mehrfaches Lesen und bewusste Ausei-nandersetzung mit den Qualitätsaspekten werden die Skalenstufen für jedes Merkmal im Regelfall so verinnerlicht, dass sich der Beobachter schnell in der Gesamtskala zurecht-findet.

Beobachten

Die KES-R ist ein Beobachtungsinstrument. Die Einschätzung der Merkmale wird hauptsächlich auf der Basis einer mindestens dreistündigen Beobachtung in einer Gruppe vorgenommen. Besonders einrichtungsfremde Beobachter sollten sich zu Beginn etwas Zeit nehmen, um sich eine Grundorientierung über die zur Gruppe gehörenden Räume und die von den Kindern insgesamt genutzten Räume und Plätze zu verschaffen.

Man kann die Merkmale je nach ihrer Beobachtungsbasis in Gruppen einteilen. Diese Gruppierung bietet eine Unterstützung bei der Anwendung der Kindergarten-Skala.

Gruppe I:

Die Beobachtungen und Bewertungen können mit einigen Merkmalen begonnen werden, wenn noch keine Kinder im Raum sind. Diese Merkmale und die entsprechenden Aspekte sind relativ leicht zu beobachten. Zu dieser Gruppe gehören folgende Merkmale:

Merkmal 1:   Innenraum
Merkmal 2:   Mobiliar für Pflege, Spiel und Lernen
Merkmal 3:   Ausstattung für Entspannung und Behaglichkeit
Merkmal 4:   Raumgestaltung
Merkmal 5:   Rückzugsmöglichkeiten
Merkmal 6:   Kindbezogene Ausgestaltung
Merkmal 14: Sicherheit

Gruppe II:

Einige Merkmale benötigen die Beobachtung von Ereignissen und Aktivitäten, die nur zu bestimmten Tageszeiten stattfinden. Der Beobachter muss diese Merkmale präsent haben, damit eine Bewertung vorgenommen werden kann, wenn die entsprechenden Situationen auftreten. Zu dieser Gruppe gehören folgende Merkmale:

Merkmal 9:   Begrüßung und Verabschiedung
Merkmal 10: Mahlzeiten und Zwischenmahlzeiten
Merkmal 11: Ruhe- und Schlafzeiten
Merkmal 12: Toiletten
Merkmal 7:   Platz für Grobmotorik
Merkmal 8:   Ausstattung für Grobmotorik
Merkmal 29: Beaufsichtigung/Begleitung/Anleitung bei grobmotorischen Aktivitäten

Gruppe III:

Einige Merkmale erfordern sowohl die Betrachtung bestimmter Materialien als auch die Beobachtung der Nutzung dieser Materialien. Zu dieser Gruppe gehören folgende Merkmale:

Merkmal 15: Bücher und Bilder
Merkmal 19: Feinmotorische Aktivitäten
Merkmal 20: Künstlerisches Gestalten
Merkmal 21: Musik und Bewegung
Merkmal 22: Bausteine
Merkmal 23: Sand/Wasser
Merkmal 24: Rollenspiel
Merkmal 25: Naturerfahrungen/Sachwissen
Merkmal 26: Mathematisches Verständnis
Merkmal 27: Nutzung von Fernsehen, Video und/oder Computer
Merkmal 28: Förderung von Toleranz und Akzeptanz von Verschiedenartigkeit/Individualität

Gruppe IV:

Interaktionsbezogene Merkmale sollen erst nach einer ausreichenden Beobachtungszeit eingeschätzt werden, um ein entsprechend repräsentatives Bild zu bekommen. Ebenso gilt das für Merkmale, die die Strukturierung der pädagogischen Arbeit betreffen. Zu dieser Gruppe gehören folgende Merkmale:

Merkmal 16: Anregung zur Kommunikation
Merkmal 17: Nutzung der Sprache zur Entwicklung kognitiver Fähigkeiten
Merkmal 18: Allgemeiner Sprachgebrauch
Merkmal 30: Allgemeine Beaufsichtigung/Begleitung/Anleitung der Kinder
Merkmal 31: Verhaltensregeln/Disziplin
Merkmal 32: Erzieher-Kind-Interaktion
Merkmal 33: Kind-Kind-Interaktion
Merkmal 34: Tagesablauf
Merkmal 35: Freispiel
Merkmal 36: Gruppenstruktur
Merkmal 37: Vorkehrungen für Kinder mit Behinderungen
Merkmal 41: Interaktion und Kooperation der Erzieherinnen

Gruppe V:

Dazu gehören die räumlichen Voraussetzungen, die Wünsche der Eltern nach Information, Einbeziehung, Bestätigung und Unterstützung wie auch die Bedürfnisse der Erzieherinnen nach einer angenehmen Arbeitssituation und -atmosphäre, Möglichkeiten der beruflichen Fortbildung und notwendiger Reflexion und Evaluation. Diese Informationen werden vorwiegend im Gespräch erfragt. Zu dieser Gruppe gehören folgende Merkmale:

Merkmal 13: Maßnahmen zur Gesundheitsvorsorge
Merkmal 38: Elternarbeit
Merkmal 39: Berücksichtigung persönlicher Bedürfnisse der Erzieherinnen
Merkmal 40: Berücksichtigung fachlicher Bedürfnisse der Erzieherinnen
Merkmal 42: Fachliche Unterstützung und Evaluation der Erzieherinnen
Merkmal 43: Fortbildungsmöglichkeiten

Eintragungen in den Bewertungsbogen

Der Bewertungsbogen (Muster im Anhang) enthält auf dem Deckblatt Platz für allgemeine Angaben (Einrichtung, Gruppe, Datum, Beginn und Ende der Beobachtungen u.a.m.). Es empfiehlt sich, diese Eintragungen so weit wie möglich vor Beginn der Beobachtung vorzunehmen. Dazu sollte die Erzieherin vorab um die erforderlichen Informationen gebeten werden.

Der Bewertungsbogen enthält weiterhin die Nummern und die Kurzbezeichnungen der 43 Merkmale. Er ist sowohl für die Bewertung der Aspekte als auch der Merkmale insgesamt vorgesehen. Die Aspekte werden eingeschätzt mit:

J = Ja, die Beschreibung trifft zu
N = Nein, die Beschreibung trifft nicht zu
NA = Nicht anwendbar in der Beobachtungsgruppe; nur zulässig bei besonders gekennzeichneten Aspekten

Die Bewertungen der 43 Merkmale gehen von 1 (unzureichend) bis 7 (ausgezeichnet). NA ist wiederum nur bei den besonders gekennzeichneten Merkmalen zulässig.

Sobald die Beobachtungen hinreichend breite Informationen erbracht haben, werden zuerst die jeweiligen Aspekte eines Merkmals bearbeitet, d.h., die Kästchen für J, N, NA werden für jeden Aspekt sorgfältig markiert. Falls schon genügend Informationen für eine abschließende Bewertung eines Merkmals vorliegen, wird die zu vergebende Bewertungsstufe für ein Merkmal klar eingekreist (siehe auch Abschnitt 4.2 zum Bewertungssystem). Dort, wo die Informationen noch nicht ausreichen, ist der vorgesehene Platz für Anmerkungen zur Vorbereitung auf das Gespräch mit der Erzieherin zu nutzen. Es wird festgehalten, welche Informationen zur abschließenden Bewertung fehlen.

Fragen

Vor Beginn der Beobachtungen muss mit der Erzieherin eine Zeit für ein Gespräch vereinbart werden. In dieser Zeit soll sie frei von Verantwortung für die Kinder sein. Für das Gespräch sind ca. 45 bis 60 Minuten einzuplanen. Eine Befragung der Erzieherin während der Beobachtungszeit muss vermieden werden, da hierdurch der Beobachtungsgegenstand verändert werden kann, indem die Erzieherin von möglichen Aktivitäten und Interaktionen mit den Kindern abgehalten wird. Im Bewertungsbogen sind in der Rubrik Anmerkungen Fragen zur Erfassung entsprechender Qualitätsaspekte enthalten. Sie sollen helfen, Informationen zur Bewertung von einzelnen Aspekten zu bekommen, die aufgrund der Beobachtungen allein nicht eingeschätzt werden können. Diese Beispielfragen können an die Situation angepasst werden; wenn nötig, können auch eigene Fragen bzw. der zu erfragende Sachverhalt notiert werden.

Fragen sollen nur dann gestellt werden, wenn zusätzlich zu den Beobachtungen weitere Informationen zur Bewertung benötigt werden. Wenn der Beobachter weiß, dass ein Merkmal mindestens einer 5 bewertet werden kann, dann erfragt er nur solche Sachverhalte, die für eine Entscheidung von 6 oder 7 wichtig sind. Auf Fragen nach solchen Aspekten, die bei einem Merkmal für die Bewertung mit 7 nötig sind, soll verzichtet werden, wenn dieses nach der Beobachtung höchstens mit 3 oder 4 bewertet werden kann. Die Fragen dürfen nicht suggestiv, sondern sollen offen formuliert werden, um die Antworten nicht in eine bestimmte Richtung zu lenken.

4.2 Bewertungssystem

Die abschließenden Bewertungen der 43 Merkmale werden wie folgt vergeben:

– Eine *Bewertung mit 1* wird gegeben, wenn irgendein Aspekt von 1 mit Ja (!) beantwortet wird. Eine *Bewertung mit 1 wird* auch dann gegeben, wenn alle Aspekte von 1 mit Nein und weniger als die Hälfte der Aspekte von 3 mit Ja beantwortet werden.

– Eine *Bewertung mit 2* wird gegeben, wenn alle Aspekte von 1 mit Nein und wenigstens die Hälfte der Aspekte von 3 mit Ja beantwortet werden.

– Eine *Bewertung mit 3* wird gegeben, wenn alle Aspekte von 1 mit Nein und alle Aspekte von 3 mit Ja beantwortet werden.

– Eine *Bewertung mit 4* wird gegeben, wenn alle Aspekte von 3 gegeben sind und mindestens die Hälfte der Aspekte von 5 mit Ja beantwortet werden.

– Eine *Bewertung mit 5* wird gegeben, wenn alle Aspekte von 5 mit Ja beantwortet werden.

– Eine *Bewertung mit 6* wird gegeben, wenn alle Aspekte von 5 und mindestens die Hälfte der Aspekte von 7 mit Ja beantwortet werden.

– Eine *Bewertung mit 7* wird gegeben, wenn alle Aspekte von 7 mit Ja beantwortet werden.

– Eine Bewertung mit NA (Nicht anwendbar) darf nur für Aspekte oder nur für ein gesamtes

Merkmal gegeben werden, wenn im Bewertungsbogen die Möglichkeit von NA explizit angegeben ist. Mit NA gekennzeichnete Aspekte werden bei der Festlegung der Bewertung eines Merkmals nicht berücksichtigt und Merkmale, die mit NA gekennzeichnet sind, werden bei der Berechnung der Werte für die Subskalen und den Gesamtwert nicht mitgezählt.

Alternative Bewertungsmöglichkeiten

Bei der Verwendung des zuvor beschriebenen Bewertungssystems werden die Aspekte eines Merkmals typischerweise nur so weit bearbeitet, wie dies zur Festsetzung der richtigen Bewertungsstufe erforderlich ist. Wenn also beispielsweise klar ist, dass eine Bewertung von 4 nicht überschritten werden kann, wird der Beobachter im Regelfall darauf verzichten, die Aspekte der Skalenstufe 7 zu erfassen. Wenn es aber zu Forschungszwecken oder zur Verbesserung der pädagogischen Arbeit wünschenswert ist, zusätzliche Informationen über Stärken jenseits der erreichten Qualitätsstufe zu erhalten, kann der Beobachter alle Aspekte eines Merkmals einschätzen.

Wenn die alternative Bewertungsvariante gewählt wird und alle Aspekte eingeschätzt werden, muss die Beobachtungszeit und die Zeit für das Gespräch ausgedehnt werden. Eine Beobachtung von etwa 3½ bis 4 Stunden und ein höherer Zeitumfang für die Befragung werden für die Komplettierung aller Aspekte erforderlich sein. Die zusätzlichen Informationen können zur Aufstellung von Plänen zu speziellen Verbesserungen der pädagogischen Arbeit und zur Interpretation von Forschungsergebnissen hilfreich sein. Die zusätzlichen Informationen verändern aber nicht die ursprüngliche Bewertung.

4.3 Auswertung

Basis für die Auswertung sind die Markierungen im Bewertungsbogen (Muster im Anhang), d.h. die Einschätzungen, welche Qualitätsaspekte der 43 Merkmale auf die Beobachtungsgruppe zutreffen bzw. nicht zutreffen. Die Bewertung der Qualität der einzelnen Merkmale nach dem beschriebenen Bewertungssystem mit den Stufen 1 bis 7 stellt die erste Zusammenfassung der mit der KES-R gewonnenen Informationen dar. Diese werden zur besseren Übersicht in das Auswertungsblatt (Muster im Anhang) übertragen, um die gewonnenen Ergebnisse auf verschiedenen Ebenen betrachten zu können.

4.3.1 Auswertung auf der Ebene von Merkmalen

Auf der feinsten Auswertungsebene kann jedes der 43 Merkmale einzeln betrachtet werden. Für die einzelnen Bewertungsstufen gilt:

1:	unzureichend	= schlechte Qualität
2:	unzureichend/minimal	= schlechte bis gerade noch ausreichende Qualität
3:	minimal	= gerade noch ausreichende/akzeptable Qualität
4:	minimal/gut	= minimale bis gute Qualität
5:	gut	= gute entwicklungsangemessene Qualität
6:	gut/ausgezeichnet	= entwicklungsangemessene bis ausgezeichnete entwicklungsbezogene Qualität
7:	ausgezeichnet	= ausgezeichnete entwicklungsbezogene Qualität

Durch diese Betrachtung der einzelnen Merkmale sind Stärken und Schwächen schnell identifizierbar. In Integrationsgruppen ist es z.B. wichtig zu wissen, wie die Qualität der Vorkehrungen für Kinder mit Behinderungen speziell eingeschätzt wird.

Diese Auswertungsebene ist besonders für die Selbstevaluation und für externe Beratungsprozesse angeraten, bei denen unmittelbar notwendige Verbesserungen der pädagogischen Qualität in der Praxis angestrebt werden. Allerdings ist es für zusammenfassende Qualitätsbeurteilungen notwendig, die für die 43 Merkmale gewonnenen Informationen weiter zu verdichten. Dazu dienen die folgenden Möglichkeiten.

4.3.2 Auswertung auf der Ebene von Bereichen (Subskalen)

Auf der Ebene der sieben Bereiche der KES-R, die jeweils bestimmte inhaltliche Schwerpunkte der pädagogischen Arbeit in einer Beobachtungsgruppe indizieren, können die Werte für die zu einem Bereich gehörenden Merkmale aufaddiert werden. Die mit NA gekennzeichneten Merkmale werden dabei jedoch nicht berücksichtigt. Um wieder die ursprüngliche Bewertungsskala von 1 bis 7 zu erhalten, muss anschließend durch die Anzahl der jeweils eingegangenen Merkmale dividiert werden. Durch die Mittelwertbildung über die Merkmale eines Bereichs hinweg können die Ergebnisse der sieben Bereiche miteinander verglichen und so wiederum besondere Stärken und Schwächen der jeweiligen pädagogischen Qualität auf der Ebene von Bereichen identifiziert werden. Auswertungen auf dieser Ebene dürften wiederum besonders für Selbstevaluation bzw. für externe Beratungsprozesse bedeutsam sein. Wenn die Qualität einer bestimmten Anzahl von Gruppen oder Einrichtungen einer Trägerschaft eingeschätzt wird, lassen sich über diese Auswertungsebene z.B. Schlussfolgerungen für qualitätssichernde Maßnahmen ableiten. Für Forschungszwecke können einzelne Bereiche für Spezialuntersuchungen betrachtet werden. Allerdings ist hier zu berücksichtigen, dass aufgrund der niedrigen Merkmalszahlen die Reliabilitäten verringert sind (vgl. Kap. 7).

4.3.3 Auswertung auf der Ebene der Gesamtskala

Für eine zusammenfassende Beurteilung der pädagogischen Qualität in einer oder in mehreren Gruppen einer Einrichtung oder Trägerschaft sowie vor allem für Forschungszwecke kann ein Gesamtwert über alle Merkmale der KES-R gebildet und interpretiert werden. Mit NA gekennzeichnete Merkmale werden dabei wiederum nicht berücksichtigt. Für Forschungszwecke ist hier vor allem auch die hohe Reliabilität bedeutsam (vgl. Kap. 7). Dazu werden die Werte von allen Merkmalen aufaddiert; diese Summe wird durch die Anzahl der eingeschätzten Merkmale dividiert. Der Gesamtwert, der auf diese Weise ermittelt wird, liegt zwischen 1 und 7.

4.3.4 Auswertung auf der Ebene der Qualitätsdimensionen

Für differenziertere Bewertungsprozesse der Qualität ist es auch möglich, die inhaltliche Gliederung der Merkmale nach den sieben Bereichen zu verlassen und die Merkmale der KES-R danach zu gruppieren, ob sie sich mehr auf die Förderung der Kinder durch das direkte Erzieherinnenverhalten oder auf eine Förderung durch Bereitstellung und Nutzung von räumlich-materialen Möglichkeiten beziehen. Im Kapitel 7.3 wird diese Gruppierung der Merkmale im Abschnitt "Validität" beschrieben. An dieser Stelle soll nur mitgeteilt werden, dass sich nach einer Faktoranalyse insgesamt 20 Merkmale der KES-R in die zwei Qualitätsdimensionen "Pädagogische Interaktionen" und "Räumlich-materiale Ressourcen" gruppieren lassen. Diese beiden Qualitätsdimensionen ließen sich auch in verschiedenen nationalen und internationalen Untersuchungen herausfinden und sie zeichnen sich durch eine hohe Reliabilität aus.

Zur Bildung eines Wertes für die Qualität der "Pädagogischen Interaktionen" werden die folgenden Merkmale aufaddiert (im Auswertungsblatt mit i gekennzeichnet): 9, 16, 17, 18, 29, 30, 31, 32, 33 und 35. Die resultierende Summe wird durch 10 dividiert. Zur Bildung eines Wertes für die Qualität der "Räumlich-materialen Ressourcen" werden die folgenden Merkmale aufaddiert (im Auswertungsblatt mit r gekennzeichnet): 1, 4, 15, 20, 21, 22, 24, 26, 28 und 34. Die entstandene Summe wird ebenfalls durch 10 dividiert.

Durch den Vergleich der beiden Werte für eine einzelne oder für mehrere Gruppen lässt sich dann feststellen, ob die Qualität in diesen beiden Dimensionen annähernd gleich ist oder ob die Stimulierung der Kinder durch direkte Interaktionen bzw. eine Förderung der Kinder über Bereitstellung und Nutzung von räumlich-materialen Möglichkeiten einen höheren Wert einnimmt.

4.3.5 Profilbildung

Die auf dem Auswertungsblatt eingetragenen Bewertungsstufen pro Merkmal können auch noch auf eine andere Art und Weise genutzt werden, indem sie in das Profil (Muster im Anhang) übertragen werden. Das Profil erlaubt eine graphische Darstellung der Bewertung aller Merkmale und Bereiche. Es kann genutzt werden, um Stärken und Schwächen zu identifizieren bzw. zu vergleichen und um Merkmale und Bereiche für die Verbesserung auszuwählen. Die Profile von wenigstens zwei Beobachtungen in einer Gruppe können nebeneinander eingetragen werden, um Veränderungen deutlich zu machen.

5. Begriffe und Erläuterungen in der KES-R

5.1 Erläuterungen zu allgemeinen Begriffen der Skala

Einige Begriffe, die häufig in der KES-R bei verschiedenen Merkmalen verwendet werden, sind im Folgenden näher erklärt. Diese Erläuterungen sind für die richtige Anwendung der KES-R bedeutsam.

Erzieherin

Der Begriff Erzieherin steht für Erwachsene, die direkt mit den Kindern umgehen. In der KES-R wird Erzieherin hauptsächlich im Singular verwendet, auch wenn mehrere Personen in der Kindergruppe arbeiten. Wenn einzelne Erzieherinnen Dinge unterschiedlich handhaben, ist es notwendig, eine Bewertung vorzunehmen, die die Situation am treffendsten charakterisiert.

Plan

Plan und Planen bedeuten, dass das Geschehen bzw. die Aktivitäten von der Erzieherin vorher durchdacht bzw. mit einer bestimmten Intention vorbereitet werden. Es braucht dabei kein schriftlicher Plan vorzuliegen.

Ein wesentlicher Teil des Tages

Der Begriff ist bezogen auf die Öffnungs- und Betreuungszeit der Einrichtung. Mindestens ein *Drittel* dieser Zeit kann als wesentlicher Teil des Tages bewertet werden. Um zu entscheiden, ob Materialien oder Aktivitäten für einen wesentlichen Teil des Tages verfügbar sind, müssen Fragen gestellt werden, die eine Einschätzung darüber erlauben, was in der nicht beobachteten Zeit geschieht. Entscheidungsgrundlage ist das, was beobachtet wurde, ergänzt durch Aussagen der Erzieherin, was in der Regel in der übrigen Zeit geschieht.

Dem Alter und dem Entwicklungsstand der Kinder an- bzw. unangemessen

Dem Alter und dem Entwicklungsstand der Kinder angemessen sind Materialien dann, wenn die Kinder dieses Material konstruktiv und erfolgreich nutzen können, Spaß am Spielprozess oder dessen Ergebnis haben und das Interesse am Material erhalten bleibt.

Verfügbar

Verfügbar bedeutet, dass Materialien, die auf oberen Regalen bzw. in verschlossenen Kisten im Gruppenraum aufbewahrt werden, auf Wunsch der Kinder, zu bestimmten Zeiten oder zu gezielten Angeboten genutzt werden.

Zugänglich

Zugänglich bedeutet, dass die Kinder Materialien, Möbel, Ausstattung usw. selbstständig erreichen und nutzen können.

Vielfalt, Menge und Zustand von Material

Zur Differenzierung von *einige, ausreichend, viele* und *Vielfalt* sind bei einigen Merkmalen Orientierungen in den ergänzenden Hinweisen angegeben. Z.B. gehören zur Ausstattung für Grobmotorik sowohl festinstallierte als auch bewegliche Ausstattungsstücke; Materialien zur Feinmotorik sind eingeteilt in kleine Bausteine, Materialien zum künstlerischen Gestalten, Materialien zum Manipulieren und Puzzles; der Bereich Natur-, Umgebungs- und Sachwissen schließt Sammlungen von Naturmaterialien, lebende Dinge, Bücher, Spiele und Spielzeuge sowie Aktivitäten und Experimente ein.

Grundsätzlich gilt für *alle Materialien und Ausstattungsstücke*, dass sie in einem *intakten, funktionstüchtigen und vollständigen* Zustand sind, auch wenn bei den einzelnen Merkmalen nicht mehr explizit darauf hingewiesen wird. Die Qualität der Materialien ist Voraussetzung für ihre Nutzbarkeit.

5.2 Erläuterungen zur speziellen Begriffen und Fragen in der Skala

Bei den meisten der 43 Merkmale mit den dazugehörenden Qualitätsaspekten sind z.T. „Ergänzende Hinweise" angefügt, die zusätzliche Informationen für das Verständnis der Merkmale und die Interpretation der Skalenstufen geben. In zahlreichen Fällen gibt es hier auch Erläuterungen zu Begriffen, die speziell in diesem Merkmal benutzt werden. Merkmale oder Aspekte mit zusätzlichen Erläuterungen sind durch * gekennzeichnet. Die Erläuterungen finden sich jeweils unter der Überschrift „Ergänzende Hinweise" am Fuß des Merkmals. Im Anschluss daran folgen aspektbezogene „Fragen". Dies sind Beispielfragen, die helfen sollen, Informationen zur Bewertung von einzelnen Aspekten zu bekommen, die nicht allein aufgrund der Beobachtungen eingeschätzt werden können. Die Fragen können an die Situation angepasst werden. Eigene Fragen sollten aber nur dann gestellt werden, wenn sie für die korrekte Einschätzung erforderlich sind.

6. Nutzungsmöglichkeiten der KES-R

Die KES-R ist ein Verfahren zur „Feststellung und Unterstützung pädagogischer Qualität", das nach einem entsprechenden Training von Praktikern und Wissenschaftlern gewinnbringend eingesetzt werden kann. Die KES-R kann sowohl als Verfahren der Fremdeinschätzung als auch der Selbsteinschätzung genutzt werden.

Für Erzieherinnen und Leiterinnen einer Einrichtung bietet die KES-R die Möglichkeit, einen genauen Überblick über die Prozessqualität ihrer Kindergartengruppen zu erhalten.

Fachberater erhalten aufgrund von Einschätzungen mit der KES-R einen vergleichenden Überblick über die pädagogische Qualität in Kindergärten ihres Zuständigkeitsbereiches und können so gezielt Beratung und spezielle Fortbildungen anbieten.

Externe Experten für Qualitätsentwicklungen können auf der Grundlage des „Qualitätsprofils" der KES-R, das Stärken und Schwächen anzeigt, gezielte Qualitätsverbesserungen mit den Teams erarbeiten.

In der Aus- und Fortbildung können die in der KES-R enthaltenen Qualitätskriterien für die reflektierende Auseinandersetzung mit Qualitätsfragen, für die persönliche Entwicklung eines professionellen Verständnisses von pädagogischer Qualität wie auch für eine Auseinandersetzung mit verschiedenen Ansätzen zur Qualitätssicherung genutzt werden.

Nicht zuletzt eignet sich die KES-R für wissenschaftliche Untersuchungen zur pädagogischen Qualität in Kindergartengruppen.

I. PLATZ UND AUSSTATTUNG

1. Innenraum

1 Unzureichend	2	3 Minimal	4	5 Gut	6	7 Ausgezeichnet
1.1 Unzureichender Platz für Kinder, Erwachsene und Mobiliar.*		3.1 Ausreichender Platz drinnen für Kinder, Erwachsene und Mobiliar.		5.1 Großzügiger Innenbereich, der es Kindern und Erwachsenen erlaubt, sich frei zu bewegen (z.B. Bewegungsfreiheit wird nicht durch Mobiliar behindert; ausreichend Platz für Ausstattung, die Kinder mit Behinderungen benötigen).		7.1 Einfall von Tageslicht kann reguliert werden (z.B. durch Blenden oder Vorhänge).
1.2 Unzureichende Beleuchtung, Belüftung, Temperaturregulierung oder Geräuschdämpfung.		3.2 Angemessene Beleuchtung, Belüftung, Temperatur und Geräuschdämpfung.		5.2 Gute Belüftung, Tageslicht durch Fenster oder Oberlicht.		7.2 Belüftung kann reguliert werden (z.B. Fenster können geöffnet werden; Ventilator kann vom Personal bedient werden).*
1.3 Raum ist in schlechtem Zustand (z.B. abblätternde Farbe an Wänden oder Decke; raue, schadhafte Böden).		3.3 Raum ist in gutem Zustand.		5.3 Raum ist leicht zugänglich für Kinder und Erwachsene mit Behinderungen.*		
1.4 Raum ist nicht gepflegt (Böden klebrig oder schmutzig; Abfallbehälter quellen über).		3.4 Raum ist angemessen sauber und gepflegt.*				
		3.5 Raum ist für alle Kinder und Erwachsene, die ihn derzeit nutzen, leicht zugänglich (z.B. Rampen und Handgriffe für behinderte Personen; Zugang für Personen mit Rollstühlen und Gehhilfen).*				
		NA möglich*				

(Handschriftliche Notizen: bei 5.2 „class auch"; bei 5.3 „nicht zuhren"; bei 3.2/3.3 „etwaig, Luft nicht verbraucht", „Räume nicht"; bei 3.4/3.5 „alle angemeldeten Kd., offen Arbut = alle Räume die von Kalf genutzt werden"; bei 7.2 „Behinderungen ohne ... gang (Treppchen, Türbreiten mind. 90 cm)". X über Spalten 4 und 6.)

Ergänzende Hinweise

(1.1) Der zur Verfügung stehende Platz muss in Relation zur maximalen Anzahl der anwesenden Kinder gesetzt werden. Ausreichender Platz bedeutet mindestens 2,5 m^2 pro Kind.

(3.4) Durch die regulären Aktivitäten entsteht während des Tages einige Unordnung/Verschmutzung. „Angemessen sauber" bedeutet: Es ist zu erkennen, dass die Räume täglich gereinigt werden (z.B. dass die Böden gewischt werden) und dass die Spuren größerer Missgeschicke (z.B. verschütteter Saft) sofort beseitigt werden.

(3.5) Um diesen Aspekt als gegeben bewerten zu können, müssen der Gruppenraum und der Waschraum für Kinder und Erwachsene mit Behinderungen zugänglich sein. Wenn keine Kinder oder Erwachsenen mit Behinderungen in die Einrichtung einbezogen sind, kann für diesen Aspekt NA vergeben werden.

(5.3) Für eine Bewertung mit 5 muss der Raum zugänglich sein, unabhängig davon, ob Kinder oder Erwachsene mit Behinderungen in der Einrichtung sind. Die Zugänglichkeit zu einzelnen Funktionsbereichen im Raum wird unter Merkmal 4 bewertet. Anpassungen im Toilettenbereich werden in Merkmal 12 bewertet.

(7.2) Türen, die nach draußen führen, gelten nur dann als regulierbare Belüftung, wenn sie offen gelassen werden können, ohne dass dadurch ein Sicherheitsrisiko entsteht (z.B. durch Vorrichtungen, die Kinder daran hindern, unbemerkt den Raum zu verlassen).

2. Mobiliar für Pflege, Spiel und Lernen*

Unzureichend		Minimal		Gut		Ausgezeichnet
1	2	3	4	5	6	7

1.1 Mobiliar für Pflege, Spiel und Lernen unzureichend (z.B. nicht genügend Stühle für alle Kinder zur gleichen Zeit vorhanden; kaum offene Regale für Spielmaterialien). *Stühle f. Kd. die an diesem Tg. anwesend sind*

1.2 Mobiliar ist in so schlechtem Zustand, dass Kinder sich verletzen können (z.B. Splitter oder herausragende Nägel; wacklige Stuhlbeine).
Wenn 1 Stuhl wackelt, darauf verweisen, nicht gleich mit 1 bewerten

zu 1.1. Eigentumsfächer
Schlafmatte für jedes GT-Kd.
egal ob es schläft o. nicht

3.1 Ausreichendes Mobiliar für Pflege, Spiel und Lernen.

3.2 Die meisten Möbelstücke sind stabil und in gutem Zustand.

3.3 Spezielle Möbel, die behinderte Kinder benötigen, sind vorhanden (z.B. Spezialstühle; Polster für Kinder mit Behinderungen).
NA möglich

5.1 Die meisten Möbelstücke haben kindgerechte Größe.*

5.2 Alle Möbelstücke sind in gutem Zustand.

5.3 Spezielles Mobiliar für behinderte Kinder ermöglicht Einbezug in das Spiel mit anderen Kindern (z.B. Kinder, die spezielle Stühle brauchen, können mit anderen Kindern am Tisch sitzen).
NA möglich

7.1 Mobiliar für Pflege und Versorgung ist bequem zu nutzen (z.B. Betten/Schlafmatten sind leicht zugänglich). *je nach dem, ob Grö. o. Kd. Betten herrichten*

7.2 Werkbank bzw. Sand-/Matschtisch oder Staffelei können genutzt werden.
kann auch nur 1x im KiGa vorhanden sein
Eins der drei muss für die Kd. nutzbar sein

Ergänzende Hinweise

Zum Mobiliar gehören: Tische und Stühle für Mahlzeiten/Zwischenmahlzeiten und Aktivitäten; Kinderbetten oder Schlafmatten (bei Ganztagsbetreuung); Eigentumsfächer oder andere Möglichkeiten zur Aufbewahrung der persönlichen Dinge des Kindes sowie niedrige, offene Regale für Spiel- und Lernmaterialien. Niedrige, offene Regale können nur dann als gegeben bewertet werden, wenn sie für Spielzeug und Materialien genutzt werden, die die Kinder selbstständig erreichen/benutzen können.

(3.3) Wenn keine Kinder mit Behinderungen in der Gruppe sind oder wenn Kinder mit Behinderungen keine speziellen Möbel benötigen, soll für diesen Aspekt *NA* vergeben werden.

(5.3) Wenn keine Kinder mit Behinderungen in der Gruppe sind oder wenn Kinder mit Behinderungen keine speziellen Möbel benötigen, soll für diesen Aspekt *NA* vergeben werden

(5.1) Altersangemessene Größe bei Tischen und Stühlen heißt: Füße des Kindes bleiben beim Sitzen auf dem Boden, die Tischhöhe ist so, dass die Knie unter den Tisch und die Ellbogen auf den Tisch passen. Wenn etwa ¾ der Kinder Tische und Stühle in angemessener Größe nutzen können, kann dieser Aspekt als gegeben bewertet werden.
* Kd. soll auf ges. Sitzfläche sitzen, nicht auf der Kante

3. Ausstattung für Entspannung und Behaglichkeit*

1 Unzureichend	2	3 Minimal	4	5 Gut	6	7 Ausgezeichnet
1.1 Keine weichen Ausstattungsgegenstände zugänglich (z.B. gepolsterte Möbel, Kissen, Teppiche, Knautschsitze).		3.1 Einige weiche Ausstattungsgegenstände zugänglich (z.B. Teppichbereich, Kissen). *mind. 2 / Socke*		5.1 Kuschelecke für die Kinder für einen wesentlichen Teil des Tages zugänglich.*		7.1 Zusätzlich zur Kuschelecke sind weitere weiche Ausstattungsgegenstände zugänglich (z.B. Kissen im Rollenspielbereich; mit Teppich ausgelegte Spielbereiche; Wand- oder Deckenbehang).
1.2 Keine weichen Spielzeuge verfügbar (z.B. Stofftiere, weiche Puppen).		3.2 Einige weiche Spielzeuge verfügbar. *mind. 5*		5.2 Kuschelecke wird nicht für lebhaftes Spiel genutzt.		7.2 Viele saubere, weiche Spielzeuge stehen zur Verfügung. *= mindestens*
				5.3 Die meisten weichen Ausstattungsgegenstände sind sauber und in gutem Zustand.		

Handschriftliche Notiz (links): Auf die Hälfte d. Kd. je ein weiches Spielzeug. = mindestens

Handschriftliche Notiz (rechts): Kuschelecke nicht abschaulig / Leseecke, im zweiten Jahr / die Tkt, bücken, die stehend / a. Probehäng erkannt

Ergänzende Hinweise

Ausstattung für Entspannung und Behaglichkeit: Ausstattung wird bei Spiel- und Lernaktivitäten dem Bedürfnis der Kinder nach Sanftheit und Kuscheligkeit gerecht. Ausstattungsgegenstände für Pflege und Versorgung wie Kinderbetten, Decken und Kissen, die für Schlafzeiten genutzt werden, werden bei der Einschätzung dieses Merkmals nicht berücksichtigt.

(5.1) Eine Kuschelecke ist ein klar abgegrenzter Bereich mit einem beträchtlichen Anteil an weichen und kuscheligen Gegenständen, in dem Kinder entspannen, träumen, lesen oder leise spielen können. Er kann z.B. aus einem weichen Teppich mit verschiedenen Polstern, einem Sofa oder einer bezogenen Matratze mit Kissen bestehen.

4. Raumgestaltung

Unzureichend		Minimal		Gut		Ausgezeichnet
1	2	3	4	5	6	7

1.1 Keine Funktionsbereiche/-räume ausgewiesen.* *Ecken oder ganze Räume*

1.2 In den von den Kindern genutzten Spielbereichen und -räumen ist der Überblick schwierig.*

Kd. können sich gut orientieren

3.1 Mindestens zwei Funktionsbereiche/-räume ausgewiesen.

3.2 Überblick über Spielbereich ist nicht schwierig. *aus Kd. perspektive Wichtigkeit*

3.3 Platz reicht aus, sodass verschiedene Aktivitäten gleichzeitig möglich sind (z.B. Platz am Boden für Spiel mit Bausteinen; Platz für Tischspiele; Staffelei für künstlerische Aktivitäten).

3.4 Die meisten Spielbereiche sind für behinderte Kinder der Gruppe zugänglich.
NA möglich

5.1 Mindestens drei Funktionsbereiche/-räume ausgewiesen und gut ausgestattet (z.B. Wasser in der Nähe des Malbereichs; angemessene Regale für Bausteine und Tischspiele).

5.2 Bereiche für ruhiges und lebhaftes Spiel sind voneinander getrennt (z.B. Lesebereich ist getrennt vom Bau- oder Rollenspielbereich).

5.3 Der Raum ist so gestaltet, dass die meisten Aktivitäten ungestört ablaufen können (z.B. Regale sind so gestellt, dass Laufwege nicht durch Aktivitätsbereiche führen; Möbel sind so gestellt, dass Toben und Rennen im Gruppenraum vermieden werden).

7.1 Mindestens fünf verschiedene Funktionsbereiche/-räume ermöglichen eine Vielfalt an Lernerfahrungen.

7.2 Die Gestaltung der Funktionsbereiche/-räume unterstützt die selbstständige Nutzung durch die Kinder (z.B. „beschriftete", offene Regale und Spielzeugbehälter; offene Regale sind nicht überfüllt; Aufbewahrung für Spielmaterialien und Platz zum Spielen liegen dicht beieinander). *annähernd alle Regale, offene Schubladen mit glasfront + durchs. Kisten*

7.3 Zusätzliche Materialien sind vorhanden, um Funktionsbereiche/-räume zu erweitern oder zu verändern.

Ergänzende Hinweise

(1.1)   In Funktionsbereichen/-räumen werden zusammengehörende Materialien so aufbewahrt, dass sie für die Kinder zugänglich sind. Sie sollen so ausgestaltet sein, dass die Kinder dort bestimmte Spiele ausführen können. Beispiele sind Lese-, Bau-, Puppen-, Kuschel-, Mal- und Musikecken, Natur-/Experimentierbereiche.

(1.2)   Bei diesem Aspekt geht es um die Raumgestaltung und *nicht* um die Aufsicht.

(3.4)   *NA möglich*, wenn keine Kinder mit Behinderungen in der Gruppe betreut werden.

Fragen

(7.3)   Gibt es zusätzliche Materialien zur Erweiterung der Funktionsbereiche/-räume?

5. Rückzugsmöglichkeiten*

Unzureichend		Minimal		Gut		Ausgezeichnet
1	2	3	4	5	6	7

1.1 Den Kindern ist es nicht möglich, allein oder mit einem anderen Kind, ungestört durch andere Kinder, zu spielen.

3.1 Die Kinder dürfen sich zurückziehen (z.B. hinter Möbeln oder Raumteiler, in eine ruhige Ecke, in einen Außenspielbereich).

3.2 Rückzugsbereiche können von der Erzieherin leicht überblickt werden.

5.1 Spezieller Bereich, in dem ein oder zwei Kinder ohne Störungen oder Belästigungen durch andere spielen können (z.B. durch Regel, ... dass Kinder nicht gestört werden dürfen; Platz ist durch Regale geschützt).

5.2 Dieser Bereich ist an einem wesentlichen Teil des Tages zugänglich.

7.1 Es gibt mehr als einen Rückzugsbereich.

7.2 Erzieherin plant neben den allgemeinen Gruppenaktivitäten Aktivitäten für ein oder zwei Kinder im Rückzugsbereich (z.B. zwei Steckbrettspiele an einem kleinen Tisch in einer ruhigen Ecke; Computer, der von einem oder zwei Kindern gleichzeitig genutzt werden kann).*

Ergänzende Hinweise

Rückzugsmöglichkeiten: Platz und Gelegenheit, dass sich die Kinder vom Druck des Gruppenlebens zurückziehen und entweder allein oder mit einem oder zwei anderen Kindern - ungestört durch andere Kinder, nicht aber „unsichtbar" für die Erzieherin - spielen können. Die Trennung eines Kindes von der Gruppe als Strafe ist hier nicht gemeint. Rückzugsmöglichkeiten können gestaltet werden durch die Abgrenzung von Bereichen durch Möbel (z.B. Bücherregale), durch feste Regeln, nach denen die in bestimmten Bereichen spielenden Kinder nicht gestört werden dürfen, durch die Begrenzung der Kinderzahl an bestimmtem Platz außerhalb der belebteren Bereiche. Weitere Beispiele für Rückzugsmöglichkeiten sind: Bereich auf einer zweiten Ebene im Raum; Funktionsbereiche, deren Nutzung auf ein oder zwei Kinder beschränkt ist; großes Kartonhaus mit ausgeschnittenen Fenstern und innen mit Polstern versehen; kleines Spielhaus draußen.

(7.2) Aktivitäten, die von speziellen Fachkräften (z.B. Sprachtherapeuten) mit einem oder zwei Kindern im Laufe des Tages durchgeführt werden, sind hier nicht gemeint.

Fragen

(7.2) Planen Sie neben den allgemeinen Gruppenaktivitäten auch Aktivitäten für ein oder zwei Kinder? Wenn ja, nennen Sie bitte Beispiele.

6. Kindbezogene Ausgestaltung

[handschriftlich: Alle Räume die zu einer Gr. gehören beachten, auch Sanitärräume!]

Unzureichend		Minimal		Gut		Ausgezeichnet
1	2	3	4	5	6	7

1.1 Keine Gegenstände bzw. Materialien für die Kinder ausgestellt.

1.2 Ausgestellte Gegenstände unangemessen für die vorherrschende Altersgruppe (z.B. Materialien für ältere Kinder oder Erwachsene, Darstellungen von Gewalt).

3.1 Angemessene Gegenstände/Materialien für die Altersgruppe (z.B. Fotos der Kinder, Kinderreime, Zahlen und Buchstaben für ältere Kinder, jahreszeitliche Ausgestaltung).*

3.2 Einige Arbeiten der Kinder sind ausgestellt. *[handschriftlich: mind. 2-5 Arbeiten d. Kd. Größe des Raumes u. Anzahl d. Kd. beachten]*

5.1 Ein Großteil der Ausgestaltung ist eng auf aktuelle Aktivitäten der Kinder bezogen (z.B. Mal- und Bastelarbeiten der Kinder; Fotos von kürzlichen Aktivitäten).*

5.2 Arbeiten der Kinder überwiegen.*

5.3 Vieles in Augenhöhe der Kinder.

7.1 Individuelle Arbeiten der Kinder dominieren.*

7.2 Zwei- und dreidimensionale Arbeiten und Objekte sind ausgestellt (z.B. Ton-, Knet-, Holzarbeiten).

Ergänzende Hinweise

(3.1) *Angemessen* bedeutet hier: dem Entwicklungsstand der Altersgruppe und den individuellen Fähigkeiten der Kinder entsprechend. Berücksichtigen Sie nur den Raum bzw. die Räume, in denen die Kinder den wesentlichen Teil der Zeit verbringen.

(5.1) Auch kürzlich fertiggestellte Arbeiten der Kinder sind hier nicht einzubeziehen, wenn sie keinen Bezug zu aktuellen Projekten/Themen/Aktivitäten haben.

(5.2) Wenn der Anteil der Arbeiten der Kinder ungefähr die Hälfte beträgt, kann dieser Aspekt als gegeben bewertet werden.

(7.1) *Individuell* bedeutet hier, dass jedes Kind sich den Gegenstand seiner Arbeit und/oder das Material selbst ausgesucht und die Arbeit in seiner eigenen, kreativen Art und Weise gestaltet hat. Individuelle Arbeiten der Kinder unterscheiden sich demnach stark voneinander. Produkte und Arbeiten, bei denen die Kinder durch die Erzieherin angeleitet werden und bei denen die Kinder nur wenig Möglichkeiten zum individuellen, kreativen Gestalten haben, sollen nicht berücksichtigt werden (z.B. eine Arbeit, die unter Verwendung von Vorlagen entstanden ist).

Fragen

(5.1) Beziehen sich die ausgestellten Dinge auf ein Thema, das innerhalb des letzten Monats in der Gruppe von Interesse war?

7. **Platz für Grobmotorik*** — *Kein offener Platz! (Turnraum außerhalb d. Einrichtung werden nicht angeschafft)*

1	2	3	4	5	6	7
Unzureichend		**Minimal**		**Gut**		**Ausgezeichnet**

1 (Unzureichend)

1.1 Weder draußen noch drinnen Platz für grobmotorische Aktivitäten.

1.2 Bereich für grobmotorische Aktivitäten ist sehr gefährlich (z.B. Zugang erfordert lange Wege auf verkehrsreichen Straßen; der Spielbereich dient gleichzeitig als Parkplatz; Außenbereich ist nicht umzäunt).

Turnraum außerhalb (sehr gefährlich)

3 (Minimal)

3.1 Gewisser Platz für grobmotorische Aktivitäten draußen *oder* drinnen vorhanden.

3.2 Bereich für grobmotorische Aktivitäten ist im Allgemeinen sicher (z.B. abgefederter Boden unter Klettergerüst; Außenbereich ist umzäunt).*

Sicherheit d. Kai!

5 (Gut)

5.1 Angemessener Platz für draußen *und* gewisser Platz drinnen.*

5.2 Bereich für grobmotorische Aktivitäten ist für die Kinder gut zugänglich (z.B. auf einer Ebene mit dem Gruppenraum; keine Hindernisse im Zugang für Kinder mit Behinderungen).

5.3 Bereich ist so gestaltet, dass keine Beeinträchtigung bei verschiedenen Aktivitäten besteht (z.B. Bereich zum Fahren mit Fahrrad, Roller, Dreirad u.ä. ist getrennt von Bereichen zum Klettern oder Ballspiel).

Erkundbar Regen

7 (Ausgezeichnet)

7.1 Im Außenbereich sind für grobmotorische Aktivitäten verschiedene Oberflächen für verschiedene Aktivitäten vorhanden (z.B. Sand, glatte Oberflächen, Gras, Mulch/Holzrinde).

7.2 Im Außenbereich ist ein gewisser Schutz vor Witterungseinflüssen vorhanden (z.B. Schatten im Sommer, Sonneneinstrahlung im Winter, Windschutz, Drainage).

7.3 Bereich für grobmotorische Aktivitäten ist günstig gelegen (z.B. Toiletten und Trinkwasser in der Nähe; Aufbewahrungsmöglichkeiten für Ausstattung leicht zugänglich; direkter Zugang vom Gruppenraum).

Ergänzende Hinweise

Bei der Einschätzung dieses Merkmals sind immer die drinnen *und* draußen vorhandenen Bereiche für Grobmotorik einzubeziehen, es sei denn, in einzelnen Aspekten finden sich anders lautende Hinweise. *Alle Bereiche, die regulär für grobmotorische Aktivitäten zur Verfügung stehen, sollen berücksichtigt werden, auch wenn dort keine Kinder beobachtet werden.*

(5.1) Für eine Bewertung mit 5 ist zu berücksichtigen: Der Platz für Grobmotorik muss im Hinblick auf die Zahl der Kinder, die ihn nutzen, angemessen sein. Erkundigen Sie sich deshalb, ob Gruppen den Platz abwechselnd oder gleichzeitig nutzen. Berücksichtigen Sie alle Bereiche, die für grobmotorische Aktivitäten genutzt werden, einschließlich Bereiche im Gruppenraum, Flure, den Eingangsbereich, überdachte Wege etc. Es kann auch dann eine 5 vergeben werden, wenn auf Grund besonderer Bedingungen der Umgebung (z.B. extreme Wetterverhältnisse, Verschmutzung, gefährdende soziale Situation im Umfeld) angemessener Platz nur drinnen und nur gewisser Platz draußen vorhanden ist.

(3.2) Auch wenn kein Bereich für grobmotorische Aktivitäten, der für Kinder anregend und herausfordernd ist, völlig sicher sein kann, sollten die Hauptursachen für mögliche schwere Verletzungen minimiert sein, wie z.B. Verletzungen durch Stürze, Verfangen/Verstricken, Einklemmen/Quetschen von Körperteilen und Verletzungen durch herausragende Teile an Ausstattungsgegenständen.

Fragen

(5.1) Gibt es im Innenbereich Platz, den Sie bei schlechtem Wetter für grobmotorische Aktivitäten nutzen?

8. Ausstattung für Grobmotorik*

Unzureichend		Minimal		Gut		Ausgezeichnet
1	**2**	**3**	**4**	**5**	**6**	**7**

1.1 Sehr geringe Ausstattung für grobmotorische Aktivitäten.

1.2 Ausstattung ist allgemein in schlechtem Zustand.

1.3 Ein Großteil der Ausstattung ist für das Alter und die Fähigkeiten der Kinder nicht angemessen (z.B. zu hohe Rutsche; Basketballkörbe in Erwachsenenhöhe).

3.1 Gewisse Ausstattung für grobmotorische Aktivitäten ist für alle Kinder mindestens eine Stunde am Tag zugänglich.*

3.2 Ausstattung ist allgemein in gutem Zustand.

3.3 Ein Großteil der Ausstattung ist dem Alter und den Fähigkeiten der Kinder angemessen.

[handschriftlich: 1 Gegenstand pro Kd. Regeln / Abmachungen nfragen]

[handschriftlich: nachfragen]

[handschriftlich: Möglichk. bei schlechtem Wetter?]

5.1 Ausreichende Ausstattung, so dass die Kinder Zugang haben, ohne lange warten zu müssen.

5.2 Ausstattung stimuliert eine Vielfalt von Bewegungsformen (z.B. Balancieren, Klettern, Ballspiele, Fahrrad fahren).

5.3 Anpassungen oder spezielle Ausstattung für Kinder mit Behinderungen.*
NA möglich

[handschriftlich: Wahlmöglichkeiten f. Kd. fest und mobil]

[handschriftlich: = 7-9 Arten]

7.1 Sowohl fest installierte als auch bewegliche Ausstattungselemente werden genutzt.

7.2 Ausstattung für Grobmotorik stimuliert eine Vielfalt von verschiedenen Fertigkeitsstufen (z.B. Dreiräder mit und ohne Pedale; Bälle in verschiedenen Größen; Rampen und Leiterkonstruktionen am Klettergerüst).

[handschriftlich: Wenn sich Vielfalt nur im Anfangslände befindet ist pos. Bewertung des Aspekts ausreichend]

Ergänzende Hinweise

Beispiele für Ausstattung für Grobmotorik: fest installierte Ausstattung wie Schaukeln, Rutschen, Klettervorrichtungen; mobile Ausstattung wie Bälle, Sportgeräte, Räder, Matten, Springseile, Wurfspiele. Für die Bewertung ist sowohl die Ausstattung im Innen- als auch im Außenbereich zu berücksichtigen.

(3.1) Für Einrichtungen mit einer Öffnungsdauer von vier Stunden oder weniger ist mindestens eine halbe Stunde Zugang täglich erforderlich.

(5.3) Anpassungen betreffen Modifikationen an der bestehenden Ausstattung; Anpassungen, spezielle Ausstattungsgegenstände sowie unterstützende Maßnahmen seitens der Erzieherinnen, sollen behinderten Kindern gleichwertige grobmotorische Erfahrungen ermöglichen.
Falls keine Kinder in der Gruppe betreut werden, die solche Anpassungen benötigen, vermerken Sie bitte *NA*.

II. BETREUUNG UND PFLEGE DER KINDER

9. Begrüßung und Verabschiedung*

1 Unzureichend	2	3 Minimal	4	5 Gut	6	7 Ausgezeichnet
1.1 Begrüßung der Kinder wird häufig vernachlässigt.		3.1 Die meisten Kinder werden freundlich begrüßt (z.B. die Erzieherin zeigt Freude, die Kinder zu sehen; lächelt, spricht mit freundlicher Stimme).		5.1 Jedes Kind wird begrüßt (z.B. Erzieherin sagt "Hallo", "Guten Morgen" oder ähnliches und nennt den Namen des Kindes, begrüßt die Kinder in ihrer Muttersprache). *[hs: nonverbal manchmal auch]*		7.1 Ankommenden Kindern wird geholfen, eine Beschäftigung zu finden, falls es notwendig ist.
1.2 Verabschiedung nicht gut organisiert.		3.2 Verabschiedung gut organisiert (z.B. Sachen der Kinder liegen beim Abholen bereit).		5.2 Freundliche Verabschiedung (z.B. Kinder werden nicht zur Eile gedrängt; jedes Kind wird freundlich verabschiedet).		7.2 Kinder sind bis zur Verabschiedung beschäftigt (z.B. keine langen Wartezeiten ohne Aktivitäten vor dem Abholen; Kinder dürfen ihre Aktivitäten angemessen beenden).
1.3 Eltern dürfen die Kinder nicht in den Gruppenraum bringen.		3.3 Eltern dürfen die Kinder in den Gruppenraum bringen. *[hs: Bei Nichtbeobachtung nachtragen]*		5.3 Eltern werden freundlich begrüßt.* NA möglich*		7.3 Erzieherinnen nutzen Begrüßung und Verabschiedung, um sich mit den Eltern auszutauschen. NA möglich*

Ergänzende Hinweise

Falls nur wenige Begrüßungen/Verabschiedungen von Kindern beobachtet werden konnten, wird die Bewertung auf Grund dieser beobachteten Beispiele vorgenommen.

(5.3) Es nicht erforderlich, dass jedes Elternteil begrüßt wird oder mit jedem Elternteil Informationen ausgetauscht werden, sondern dass Eltern im Allgemeinen auf diese Weise umgegangen wird.
Falls Kinder nicht von ihren Eltern gebracht werden, bewerten Sie diesen Aspekt bitte mit NA.

(7.3) NA möglich, wenn die Kinder nicht von ihren Eltern gebracht werden.

Fragen

Können Sie mir den täglichen Ablauf beim Bringen und Abholen der Kinder beschreiben?

10. Mahlzeiten und Zwischenmahlzeiten

Unzureichend		Minimal		Gut		Ausgezeichnet
1	2	3	4	5	6	7

1.1 Unangemessene Zeiten für Mahlzeiten und Zwischenmahlzeiten *länger als* (z.B. Kinder müssen warten, wenn sie hungrig sind). *3 Std. auseinander = unangemessen*

1.2 Ernährungswert der Mahlzeiten ist unzureichend.* *von der Kita zur Verfügung gestelltes Essen*

1.3 Mängel bei der Hygiene (z.B. die meisten Kinder oder Erwachsenen waschen sich nicht die Hände vor dem Essen oder der Essenszubereitung; Esstische werden nicht gesäubert). *warmes Wasser, Süßigenes Handtuch, bei allem*

1.4 Bei den Mahlzeiten herrscht eine unangenehme Atmosphäre (z.B. Erzieherinnen weisen Kinder streng zurecht; Kinder werden gezwungen zu essen). *Mahlz. wenigstens die Hälfte d. Kd.*

1.5 Auf Lebensmittelallergien und Unverträglichkeiten wird keine Rücksicht genommen.
*NA möglich**

3.1 Angemessene Zeiten im Tagesablauf für Mahlzeiten und Zwischenmahlzeiten.

3.2 Mahlzeiten und Zwischenmahlzeiten sind ausgewogen.

3.3 Hygiene wird in der Regel eingehalten.*

3.4 Die Atmosphäre bei den Mahlzeiten ist weder streng noch zurechtweisend.

3.5 Informationen zu Lebensmittelallergien sind sichtbar aufgehängt und es gibt alternative Speisen bzw. Getränke (z.B. Tee oder Saft für Kinder mit Milchallergie).
*NA möglich**

3.6 Kinder mit Behinderungen sitzen mit nichtbehinderten Kindern bei den Mahlzeiten zusammen.
*NA möglich**

5.1 Erzieherinnen sitzen bei den Kindern.* *auch, wenn sie selbst nichts essen*

5.2 Es herrscht eine angenehme Atmosphäre während der Mahlzeiten.

5.3 Kindgerechte Gegenstände erleichtern und fördern die Selbstständigkeit (z.B. kindgerechtes Besteck, kleine Kannen für Getränke, stabile Schüsseln und Löffel, spezielle Löffel oder Becher für behinderte Kinder).

5.4 Ernährungsvorschriften aus den Familien werden berücksichtigt.

7.1 Kinder helfen während der Mahlzeiten und Zwischenmahlzeiten mit (z.B. decken den Tisch, bedienen sich selbst, wischen den Tisch ab).

7.2 Kinder werden zum selbstständigen Essen ermuntert.

7.3 Mahlzeiten sind Zeiten für Gespräche zwischen Kindern und Erzieherinnen (z.B. Erzieherinnen regen die Kinder an, über Ereignisse des Tages und über Dinge, die die Kinder interessieren, zu sprechen; Kinder reden miteinander).

Zu 1.2. Lieferung d. Essens
1 Std. vor dem " u. nur
kurz warmhalten – Vitaminverlust!

Bitte die ergänzenden Hinweise und Fragen auf der nächsten Seite beachten!!!

Speiseplan d. ganzen Wo beachten
2-3× Fleisch/Fisch, 2× vegetarisch, 1× süß

Ergänzende Hinweise

Bei verschiedenen Aspekten dieses Merkmals ist eine Bewertung mit *NA* dann möglich, wenn entsprechende Voraussetzungen nicht gegeben sind.

(1.2) Die Ernährung (Getränke eingeschlossen) in der Einrichtung soll sich an Standards orien-tieren, die von der Deutschen Gesellschaft für Ernährung (DGE) empfohlen werden.

(3.5) *NA möglich,* wenn keine Kinder mit Lebensmittelallergien oder Unverträglichkeiten in der Gruppe betreut werden

(1.5) *NA möglich,* wenn keine Kinder mit Lebensmittelallergien oder Unverträglichkeiten in der Gruppe betreut werden.

(3.6) *NA möglich,* wenn keine Kinder mit Behinderungen in der Gruppe betreut werden.

(3.3) Wenn die hygienischen Bedingungen grundsätzlich gegeben sind und Händewaschen und andere Hygienemaßnahmen ausgewiesene Bestandteile im Tagesablauf sind, kann 3.3 auch dann als gegeben bewertet werden, wenn es gelegentlich Probleme bei der prakti-schen Umsetzung gibt.

(5.1) Auch wenn die Erzieherin den Tisch verlässt, um beim Ablauf der Mahlzeit zu helfen, sollte sie die meiste Zeit bei den Kindern sitzen. Es ist nicht erforderlich, dass an jedem Tisch ständig eine Erzieherin sitzt. Sind mehrere Erzieherinnen im Raum, können eine oder mehrere Erzieherinnen beim Austeilen des Essens helfen, während die anderen am Tisch bei den Kindern sitzen.

Fragen

(1.5, 3.5, 5.4) Was tun Sie, wenn ein Kind allergisch gegen bestimmte Lebensmittel ist oder in der Familie bestimmte Ernährungsvorschriften bestehen?

11. Ruhe- und Schlafzeiten*

Unzureichend		Minimal		Gut		Ausgezeichnet
1	**2**	**3**	**4**	**5**	**6**	**7**

1

1.1 Ruhe-/Schlafzeiten sind für die meisten Kinder unangemessen.*

1.2 Hygienische Mängel bei Ausstattung für Ruhe/Schlafen (z.B. überfüllter Raum; schmutzige Decken; mehrere Kinder benutzen dasselbe Bettzeug).

1.3 Die Kinder werden kaum oder streng und zurechtweisend beaufsichtigt.

[handschriftlich: Kennzeichnung d. Matratzen, dürfen sich bis d. Aufbewahrg. nicht berühren]

3

3.1 Ruhe-/Schlafzeiten sind für die meisten Kinder angemessen.

3.2 Angemessene hygienische Bedingungen für Ruhe/Schlafen (z.B. Bereich nicht überfüllt; sauberes Bettzeug).

3.3 Die Kinder werden ausreichend beaufsichtigt.*

3.4 Ruhige, angenehme Beaufsichtigung, keine Strenge oder Zurechtweisung.

5

5.1 Den Kindern wird geholfen, sich zu entspannen (z.B. Schmusetier, sanfte Musik, Rückenstreicheln).

5.2 Angemessener Raum, um auszuruhen (z.B. gedämpftes Licht; ruhig).

7

7.1 Ruhe-/Schlafzeiten werden flexibel gehandhabt, um auf die individuellen Bedürfnisse der Kinder einzugehen (z.B. Kinder, die müde sind, können sich während Spielzeiten ausruhen).

7.2 Es wird vorgesorgt für Kinder, die früher aufstehen oder nicht schlafen (z.B. Kinder, die aufstehen, dürfen leise spielen oder Bücher anschauen; spezieller Bereich und Aktivitäten für Kinder, die nicht schlafen).

Ergänzende Hinweise

Vermerken Sie bei diesem Merkmal **NA**, wenn es sich um eine Halbtagseinrichtung handelt bzw. die Einrichtung über Mittag geschlossen ist und daher keine Ruhe-/Schlafenszeit vorgesehen ist. Für Einrichtungen mit längeren Öffnungszeiten sollten die Ruhe-/Schlafzeiten auf das Alter und die individuellen Bedürfnisse der Kinder abgestimmt sein. *[handschriftlich: Betreuungszeit länger als 14:00 = Ruhephase *]*

(1.1) *Unangemessene Zeiten* bedeutet, dass die Ruhe-/Schlafzeiten zu spät oder zu früh stattfinden (z.B. Kinder sind schon lange vor der Schlafenszeit müde oder sind noch nicht müde genug) oder Kinder nicht geweckt werden oder liegen bleiben müssen (mehr als 2,5 Stunden), was zu Problemen mit den Schlafenszeiten in der Familie führen kann.

(3.3) Ausreichend bedeutet: Es sind genügend Erzieherinnen anwesend, um die Sicherheit der Kinder im Notfall zu gewährleisten und um auf Kinder einzugehen, die aufwachen oder Hilfe brauchen. Mindestens eine Erzieherin befindet sich immer in dem Raum, in dem die Kinder schlafen.

Fragen

Beschreiben Sie bitte, wie die Schlafens- oder Ruhezeit in der Regel abläuft.

(3.3)   Wie werden die Kinder in dieser Zeit beaufsichtigt?

(3.4, 7.2) Was tun Sie, wenn Kinder vor der Schlafenszeit müde sind, nicht zur Ruhe kommen oder früher aufwachen?

*[handschriftlich: * Schlafen, Entspannung, auch gemeinsam ...]*

12. Toiletten

1	2	3	4	5	6	7
Unzureichend		**Minimal**		**Gut**		**Ausgezeichnet**

1.1 Unzureichende hygienische Bedingungen in diesem Bereich (z.B. Toiletten/Waschbecken schmutzig; Wickeltisch/Topf nicht nach jeder Nutzung gereinigt; Toiletten nicht gespült).

1.2 Unzureichende Grundausstattung behindert die Pflege der Kinder (z.B. zu wenige Toiletten oder Waschbecken, kein Toilettenpapier, keine Seife; mehrere Kinder benutzen dasselbe Handtuch; kein fließend warmes Wasser).*

1.3 Erzieherin oder Kinder vernachlässigen häufig Händewaschen nach der Toilette oder dem Wickeln.*

1.4 Unangemessene oder unangemessene Beaufsichtigung der Kinder.*

3.1 Ausreichende hygienische Bedingungen.

3.2 Grundausstattung für die Pflege vorhanden.

3.3 Erwachsene und Kinder waschen sich nach der Toilette meistens die Hände.*

3.4 Zeiten für Toilette entsprechen den individuellen Bedürfnissen der Kinder.

5.1 Hygienische Bedingungen sind leicht aufrechtzuerhalten (z.B. es werden keine Töpfchen benutzt; fließendes warmes Wasser in der Nähe vom Wickeltisch und der Toilette; leicht zu reinigende Oberflächen).*

5.2 Ausstattung ist für die Kinder bequem und zugänglich (z.B. Stufen an Waschbecken und Toiletten, falls notwendig; Haltegriffe für körperbehinderte Kinder; Toilettenbereich ist nahe am Gruppenraum).

5.3 Angenehme Erwachsenen-Kind-Interaktion.

7.1 Kindgerechte Toiletten und niedrige Waschbecken.*

7.2 Selbstständigkeit der Kinder wird entsprechend ihrem Entwicklungsstand gefördert.

Ergänzende Hinweise

(1.2) Falls spezielle Pflege- und Versorgungsnotwendigkeiten auftreten, wie z.B. Wickeln eines älteren Kindes oder Katheterversorgung, müssen diese so ausgeführt werden, dass die hygienischen Bedingungen eingehalten und die Würde des Kindes bewahrt werden.

(1.3) Gehen Sie davon aus, dass das Händewaschen, das Sie während des Besuchs beobachten, typisch ist. Bewerten Sie nach dem, was Sie beobachtet haben.

(1.4) *Unangemessene Beaufsichtigung* bedeutet nicht, dass die Erzieherin nicht auf die Sicherheit der Kinder und die Einhaltung hygienischer Bedingungen (z.B. beim Händewaschen) achtet.

(3.3) Bewerten Sie diesen Aspekt als gegeben, wenn in ca. ¾ aller Fälle Händewaschen stattgefunden hat. Erwachsene müssen sich die Hände waschen, auch wenn Handschuhe benutzt wurden.

(5.1) Da Töpfchen ein Gesundheitsrisiko darstellen, sollten sie grundsätzlich nicht benutzt werden. In den seltenen Fällen, in denen besondere Bedürfnisse den Gebrauch eines Töpfchens notwendig machen, achten Sie für eine Bewertung in Richtung 5 darauf, dass das Töpfchen nur für das Kind mit besonderen Bedürfnissen genutzt und nach jedem Gebrauch gründlich gereinigt wird.

(7.1) Waschbecken und Toiletten in kindgerechter Größe sind deutlich kleiner oder niedriger als Standardgrößen und können von den Kindern bequem und ohne Hilfsmittel wie Stufen oder Toilettensitze genutzt werden. Damit die Größe von Toiletten und Waschbecken als kindgerecht bewertet werden kann, müssen ca. ¾ der Kinder sie ohne Hilfsmittel wie Stufen nutzen können.

13. Maßnahmen zur Gesundheitsvorsorge

Unzureichend		Minimal		Gut		Ausgezeichnet
1	2	3	4	5	6	7

1.1 In wichtigen Bereichen fehlen Vorkehrungen, um die Ausbreitung von Keimen zu verringern (z.B. Zeichen von Verunreinigung durch Tiere im Innen- oder Außenbereich; Bereiche, die mit Blut oder anderen Körperflüssigkeiten verunreinigt worden sind, werden nicht gereinigt; kein Naseputzen; schmutzige Zahnbürsten oder Zahnputzbecher; Papiertücher und Windeln werden nicht sorgfältig entsorgt; Essenszubereitung und Wickeln/Toilette in räumlicher Nähe).*

1.2 Rauchen im Betreuungsbereich ist drinnen oder draußen gestattet.

3.1 Erzieherinnen und Kinder waschen sich die Hände, wenn notwendig (z.B. nach dem Kontakt mit Tieren oder wenn sie aus einem anderen Grund schmutzig sind).*

3.2 Erzieherinnen treffen im Allgemeinen Vorkehrungen, um die Ausbreitung von Keimen zu verringern.

3.3 Im Betreuungsbereich wird nicht geraucht.

3.4 Es werden Maßnahmen ergriffen, um die Ausbreitung ansteckender Krankheiten gering zu halten (z.B. Beachten von Impfungen; Ausschluss von Kindern mit ansteckenden Krankheiten).

5.1 Kinder werden den Temperatur- und Witterungsbedingungen drinnen und draußen entsprechend gekleidet (z.B. nasse Kleidungsstücke werden gewechselt; wärmende Kleidung bei kaltem Wetter).

5.2 Erzieherinnen sind ein gutes Vorbild für gesundheitsbewusstes Verhalten (z.B. sie nehmen vor den Kindern nur gesunde Nahrung zu sich; sie überprüfen und spülen die Toiletten der Kinder).

5.3 Erzieherinnen achten auf das Äußere der Kinder (z.B. Gesicht waschen; schmutzige Kleidungsstücke wechseln; Kittel für Spiele und Aktivitäten, bei denen man sich schmutzig macht).

7.1 Den Kindern wird vermittelt, selbstständig auf gesundheitsfördernde Verhaltensweisen zu achten (z.B. richtiges Händewaschen, selbst den Mantel oder einen Kittel anziehen; daran denken, die Toilette zu spülen; Nutzung von Büchern, Bildern und Spielen zum Thema Gesundheit).

7.2 Zahnbürsten für jedes Kind sind angemessen gekennzeichnet und aufbewahrt; sie werden mindestens einmal am Tag benutzt (z.B. die Zahnbürsten sind so aufbewahrt, dass sie sich nicht gegenseitig berühren und an der Luft trocknen können).*

Ergänzende Hinweise

(1.1) *Händewaschen* bedeutet, dass die Hände gründlich unter fließendem Wasser und mit Seife gewaschen und mit einem Handtuch, das nur von einer Person benutzt wird, getrocknet werden.

(3.1) Da das Händewaschen zu den Mahlzeiten und nach der Toilette bereits bei Merkmal 10 und 12 bewertet wird, berücksichtigen Sie hier alle anderen Gelegenheiten, die Händewaschen erforderlich machen. Bewerten Sie diesen Aspekt nur dann als gegeben, wenn in ca. ¾ aller Fälle, in denen dies nötig ist, die Hände gewaschen werden. Gegebenenfalls können anstatt Wasser auch antiseptische Flüssigkeiten oder Tücher benutzt werden, z.B. beim Naseputzen auf dem Spielplatz.

7.2 Dieser Aspekt wird auch dann bewertet, wenn es sich um eine Halbtagseinrichtung handelt

Fragen

(3.4) Wie vergewissern Sie sich, ob die Kinder die nötigen Impfungen haben? Haben Sie Vorschriften für den Ausschluss von Kindern mit ansteckenden Krankheiten? Bitte beschreiben Sie, wie Sie vorgehen.

(7.2) Putzen sich die Kinder die Zähne? Wie wird das gehandhabt? (Fragen Sie, ob Sie die Zahnbürsten sehen können).

14. Sicherheit

1 Unzureichend	2	3 Minimal	4	5 Gut	6	7 Ausgezeichnet
1.1 Sicherheitsmängel mit Verletzungsgefahr im Innenbereich.*		3.1 Keine schwerwiegenden Sicherheitsmängel drinnen und draußen.		5.1 Erzieherinnen handeln vorausschauend, um Sicherheitsprobleme zu entfernen (z.B. sie entfernen Gegenstände unter dem Klettergerüst; schließen gefährliche Bereiche ab; wischen Verschüttetes sofort auf, damit die Kinder nicht ausrutschen).		7.1 Spielbereiche sind so gestaltet, dass Sicherheitsprobleme vermieden werden (z.B. jüngeren Kindern steht draußen ein abgegrenzter Spielbereich oder ein bestimmter Zeitraum zur Verfügung; Ausstattung draußen ist angemessen in Größe und Schwierigkeitsgrad).
1.2 Sicherheitsmängel mit Verletzungsgefahr im Außenbereich.*		3.2 Angemessene Beaufsichtigung zum Schutz der Kinder drinnen und draußen.		5.2 Erzieherinnen erklären den Kindern die Gründe für Sicherheitsregeln.		7.2 Kinder befolgen im Allgemeinen die Sicherheitsregeln (z.B. kein Gedränge auf der Rutsche, kein Klettern auf Schränke und Regale).
1.3 Beaufsichtigung ist nicht ausreichend, um die Sicherheit der Kinder drinnen und draußen zu gewährleisten (z.B. Erzieherinnen sind mit anderen Aufgaben beschäftigt, keine Beaufsichtigung in Bereichen mit potenziellen Gefahrenquellen; keine Regeln zum Betreten und Verlassen der Einrichtung).*		3.3 Grundlegende Bedingungen für den Umgang mit Notfällen gegeben (z.B. Telefon, Notrufnummern, Ersatzkräfte, Erste-Hilfe-Ausrüstung, schriftliche Aufzeichnungen, was im Notfall zu tun ist.				

Ergänzende Hinweise

Die folgende Liste von hauptsächlich auftretenden schwerwiegenden Sicherheitsmängeln ist nicht vollständig. Notieren Sie alle beobachteten Sicherheitsprobleme auf dem Bewertungsbogen.

(1.1) *Mögliche Sicherheitsprobleme im Innenbereich:*
- Steckdosen nicht gesichert
- Lose elektrische Leitungen
- Schwere Gegenstände oder Möbelstücke, die die Kinder umstoßen können
- Arzneimittel, Reinigungsmittel oder andere für Kinder gefährliche Substanzen sind nicht weggeschlossen
- Herdschalter zugänglich; ungeschützte Kochstelle
- Wassertemperatur zu hoch
- Matten oder Läufer rutschig
- Treppen ohne Geländer
- Spielbereiche vor Türen

(1.2) *Mögliche Sicherheitsprobleme im Außenbereich:*
- Werkzeuge zugänglich, die nicht für den Gebrauch durch Kinder bestimmt sind
- Gefährliche Substanzen (z.B. Insektenschutzmittel) nicht weggeschlossen
- Scharfe oder gefährliche Gegenstände in Reichweite
- Unsichere Gehwege oder Treppen
- Leichter Zugang zur Straße
- Müllcontainer zugänglich
- Spielgeräte zu hoch, in schlechtem Zustand, nicht fest verankert
- Verletzungsgefahr an Spielgeräten (z.B. durch herausragende Teile; Verfangen, Quetschen möglich)

(1.3) Beachten Sie bitte, dass bei diesem Aspekt die Beaufsichtigung drinnen *und* draußen unzureichend sein muss. Ist die Beaufsichtigung nicht ausreichend, werden in den meisten Fällen auch Aspekte der Merkmale 29 und 30 als unzureichend eingeschätzt.

Fragen

(5.2) Sprechen Sie mit den Kindern über Sicherheit? Über welche Dinge sprechen Sie?

III. SPRACHLICHE UND KOGNITIVE ANREGUNGEN

15. Bücher und Bilder

Unzureichend		Minimal		Gut		Ausgezeichnet
1	2	3	4	5	6	7

[handschriftlich bei 1: 5 Bücher]

1.1 Sehr wenige Bücher zugänglich.

1.2 Erzieherin initiiert selten Aktivitäten zur Förderung des Sprachverständnisses (z.B. selten Zeiten für Geschichten, Erzählen; wenig individuelles Vorlesen).

3.1 Einige Bücher für Kinder zugänglich (z.B. während des Freispiels stehen den Kindern genügend Bücher zur Verfügung, sie brauchen sich nicht darum zu streiten). *[handschriftlich: nicht unternehmbar]*

[handschriftlich: für d. Hälfte d. Kd. 1 Buch, mind. 10 pro Gr.]

3.2 Täglich mindestens eine von der Erzieherin initiierte Aktivität zur Förderung des Sprachverstehens eingeplant (z.B. Vorlesen, Geschichten erzählen, Bildergeschichten).* *[handschriftlich: befragen]*

5.1 Eine breite Auswahl an Büchern ist an einem wesentlichen Teil des Tages zugänglich.* *[handschriftlich: 1 Buch pro Kd. u. Themenvielfalt mind. 20 Bücher]*

5.2 Einige zusätzliche Materialien zur Sprachförderung werden täglich genutzt.*

5.3 Bücher befinden sich in einer Leseecke. *[handschriftlich: Sitzmöglichkeit u. Licht]*

5.4 Bücher, Sprachmaterialien und Aktivitäten sind angemessen für die Kinder der Gruppe.*

5.5 Erzieherin liest in verschiedenen Situationen Bücher vor (z.B. während des Freispiels, vor dem Schlafen, zur Erweiterung einer Aktivität).*

7.1 Bücher und Materialien zur Sprachförderung werden ausgetauscht, um das Interesse der Kinder aufrechtzuerhalten.

7.2 Einige Bücher beziehen sich auf laufende Aktivitäten oder Themen in der Gruppe (z.B. Bücher zu jahreszeitlichen Themen werden aus der Bibliothek ausgeliehen).

Ergänzende Hinweise

(3.2) Vorlesen kann in kleinen oder größeren Gruppen geschehen, je nach den Fähigkeiten der Kinder, dem Inhalt zu folgen.

(5.1) Eine breite Auswahl von Büchern beinhaltet eine Vielfalt von Themen: Fantasie- und Sachgeschichten; Geschichten über Menschen, Tiere und Wissenschaft; Bücher über verschiedene Kulturen und Fähigkeiten.

(5.2) Beispiele für zusätzliche Materialien zur Sprachförderung sind Poster und Bilder, Bildmaterialien für Pinnwand, Bildgeschichten, Bildspielkarten und Kassetten mit Geschichten oder Liedern.

(5.4) Beispiele für angemessene Materialien und Aktivitäten schließen ein: einfache Bücher zum Vorlesen für jüngere Kinder, Großdruckmaterialien für Kinder mit Beeinträchtigungen des Sehvermögens; Bücher in den Muttersprachen der Kinder; Reim- und Sprachspiele für ältere Kinder.

(5.5) Vorlesen muss mindestens einmal beobachtet werden, um diesen Aspekt als gegeben bewerten zu können.

Fragen

(7.1) Gibt es weitere Bücher, die Sie mit den Kindern nutzen? Wie gehen Sie dabei vor?

(7.2) Wie wählen Sie Bücher aus?

16. Anregung zur Kommunikation*

Unzureichend		Minimal		Gut		Ausgezeichnet
1	2	3	4	5	6	7

1.1 Erzieherin nutzt keine Gelegenheiten, die Kinder zur Kommunikation anzuregen (z.B. keine Gespräche über Zeichnungen; keine Aufforderungen, Geschichten zu erzählen, Ideen für den Stuhlkreis einzubringen, sich an Fingerspielen und Singen zu beteiligen).

1.2 Sehr wenig Material zugänglich, das die Kinder zur Kommunikation anregt.*

3.1 Erzieherin nutzt einige Gelegenheiten, um die Kinder zur Kommunikation anzuregen.

3.2 Einige Materialien sind vorhanden, um die Kommunikation der Kinder anzuregen. *Auch das zu sprechen über Finger... Reime Lieder*

3.3 Anregungen zur Kommunikation sind im Allgemeinen für die Kinder der Gruppe angemessen.

5.1 Anregungen zur Kommunikation finden während des Freispiels und bei geplanten Gruppenaktivitäten statt (z.B. Kinder betiligen sich an Gesprächen über Zeichnungen; sie sprechen in kleinen Gruppen über Ausflüge). *Kai. angljorden*

5.2 Materialien zur Anregung der Kommunikation sind in verschiedenen Funktionsbereichen zugänglich (z.B. kleine Figuren und Tiere in der Bauecke; Handpuppen und Bildmaterial für Pinnwand in der Leseecke; Spielzeug für Rollenspiele außerhalb oder innerhalb des Gruppenraumes).

7.1 Zuhören und Reden der Erzieherin stehen entsprechend dem Alter und den Fähigkeiten der Kinder in angemessenem Verhältnis (z.B. lässt den Kindern Zeit zu antworten; formuliert für Kinder mit geringen Sprachfähigkeiten).

7.2 Erzieherin verbindet von Kindern gesprochene mit geschriebener Sprache (z.B. sie schreibt auf, was Kinder sagen und liest es ihnen dann vor; hilft ihnen, etwas für die Eltern aufzuschreiben).

Ergänzende Hinweise

Kinder in unterschiedlichem Alter, mit unterschiedlichen Fähigkeiten oder anderen Muttersprachen brauchen unterschiedliche Anregungen zur Förderung ihrer Kommunikation. Geeignete Anregungen müssen gegeben sein für Kinder mit anderer Muttersprache oder für Kinder, die alternative Kommunikationsmöglichkeiten brauchen, wie Gebärden oder die Verwendung sprachverstärkender Geräte.

(1.2) Materialien zur Förderung des Sprachgebrauchs sind: Spieltelefone, Puppenspiele, Bildmaterial für Pinnwand, Puppen und Requisiten für das Rollenspiel, kleine Figuren und Tiere, Bild- bzw. Schrifttafeln oder andere unterstützende Geräte für Kinder mit Behinderungen.

Fragen

(7.2) Was machen Sie, damit Kinder erleben, dass das, was sie sagen, auch aufgeschrieben werden kann? Bitte geben Sie einige Beispiele.

17. Nutzung der Sprache zur Entwicklung kognitiver Fähigkeiten

Unzureichend		Minimal		Gut		Ausgezeichnet
1	2	3	4	5	6	7

1.1 Erzieherin spricht mit den Kindern nicht über logische Abfolgen/Beziehungen (z.B. sie ignoriert die Fragen der Kinder, warum Dinge passieren; lenkt die Aufmerksamkeit nicht auf die Abfolge täglicher Ereignisse, auf Unterschiede und Gemeinsamkeiten von Anzahl, Größe, Form, auf Ursache-Wirkungs-Zusammenhänge).

1.2 Begriffe werden nicht oder unangemessen vermittelt (z.B. Begriffe sind für das Alter und die Fähigkeiten der Kinder zu schwer; unangemessene Vorgehensweisen werden angewandt, z.B. Arbeitsblätter ohne konkreten Bezug zu den Erfahrungen der Kinder; Erzieherin gibt Antworten, ohne den Kindern zu helfen, Dinge selbst herauszufinden).*

3.1 Erzieherin spricht gelegentlich über logische Abfolgen/Beziehungen oder Begriffsinhalte (z.B. sie erklärt, dass sie *nach* dem Essen rausgehen, weist auf Größen und Unterschiede der Bausteine hin, die ein Kind benutzt).

3.2 Einige Begriffe werden dem Alter und den Fähigkeiten der Kinder in der Gruppe angemessen vermittelt, wobei Bezeichnungen und konkrete Erfahrungen der Kinder genutzt werden (z.B. Erzieherin leitet Kinder mit Fragen und entsprechenden Bezeichnungen an, große und kleine Bausteine zu sortieren oder die Ursache für das Schmelzen von Eis herauszufinden).

[handschriftliche Notiz: Begriffe die erläutert werden müssen Bsp. schmelzen Eiswürfel schmilzt, was wird daraus? Wasser! Spülmittel schmilzt auch, aber es kommt kein Wasser heraus, warum?]

5.1 Erzieherin spricht über logische Abfolgen/Beziehungen, während die Kinder mit Materialien zur Förderung ihrer kognitiven Fähigkeiten spielen (z.B. mit Karten, die in bestimmte Reihen gelegt werden müssen; bei Spielen zu Gleichheit/Ungleichheit; zu Größen und Formen von Spielzeugen; bei Sortier-, Zahlen- und Rechenspielen).*

5.2 Kinder werden angeregt, ihre Gedanken zu äußern, wenn sie einen Sachverhalt klären oder ein Problem lösen (z.B. warum sie die Gegenstände in unterschiedliche Gruppen sortiert haben; inwieweit zwei Bilder gleich oder unterschiedlich sind).*

7.1 Erzieherin fördert das kindliche Denken nicht nur punktuell, sondern während des gesamten Tagesablaufs, wobei sie aktuelle Ereignisse/Situationen/Erfahrungen zur Begriffsentwicklung nutzt (z.B. Kinder lernen logische Abfolgen, indem sie über ihre Erlebnisse im Tagesablauf sprechen oder sich den Handlungsablauf beim Kochen o.ä. vergegenwärtigen).

7.2 Begriffe werden eingeführt mit Bezug auf die Interessen der Kinder oder auf konkrete Probleme, die die Kinder lösen müssen (z.B. mit den Kindern während des Ausbalancierens beim Bauen eines hohen Turmes sprechen; den Kindern dabei helfen, herauszufinden, wie viele Löffel sie zum Tischdecken benötigen).

Ergänzende Hinweise

(1.2) Begriffsentwicklung umfasst: Erkennen von Gleichheit/Unterschiedlichkeit, Ordnen, Klassifizieren, Reihenfolgen bilden, genaues Zuordnen, Erfassen von Raum-/Lagebeziehungen, Ursache und Wirkung.

(5.1) Mindestens ein Ereignis muss beobachtet werden, um diesen Aspekt als gegeben bewerten zu können.

(5.2) Mindestens zwei Ereignisse müssen beobachtet werden, um diesen Aspekt als gegeben bewerten zu können.

18. Allgemeiner Sprachgebrauch*

1 Unzureichend	2	3 Minimal	4	5 Gut	6	7 Ausgezeichnet
1.1 Erzieherin nutzt Sprache vorwiegend, um das kindliche Verhalten zu kontrollieren und übliche Handlungsabläufe zu regulieren.		3.1 Gelegentliche Gespräche zwischen Erzieherin und Kindern (z.B. Erzieherin stellt Fragen, auf die die Kinder nur mit Ja/Nein oder mit kurzen Antworten reagieren können; gibt kurze Antworten auf Fragen der Kinder).*		5.1 Viele Gespräche zwischen Erzieherin und Kindern während des Freispiels und täglicher Routinen.		7.1 Erzieherin führt mit den meisten Kindern individuelle Gespräche.*
1.2 Erzieherin reagiert selten auf das, was die Kinder sagen.		3.2 Kinder dürfen sich die meiste Zeit des Tages unterhalten.		5.2 Erzieherin benutzt Sprache vorwiegend zum Informationsaustausch mit den Kindern und zur sozialen Interaktion.		7.2 Erzieherin stellt Fragen, die längere und komplexere Antworten erfordern (z.B. jüngere Kinder werden gefragt "was" oder "wo", ältere Kinder werden gefragt "warum" oder "wie").*
1.3 Kinder werden oft davon abgehalten bzw. daran gehindert sich zu unterhalten.				5.3 Erzieherin fügt Informationen hinzu, um die Ideen der Kinder zu erweitern.*		
				5.4 Erzieherin regt Gespräche zwischen den Kindern an, besonders auch mit behinderten Kindern (z.B. sie regt die Kinder an, einander zuzuhören; vermittelt allen Kindern Gebärdensprache, wenn ein Kind in der Gruppe Gebärdensprache benutzt).		

Ergänzende Hinweise

Wenn mehrere Erzieherinnen mit den Kindern arbeiten, schätzen Sie die Gesamtheit der Gespräche der Erzieherinnen mit den Kindern ein. Die Intention bei diesem Merkmal ist, dass Kinder die Stimulierung bekommen, die ihren Bedürfnissen entspricht.

(3.1) Gespräche setzen voraus, dass es gegenseitiges Zuhören und Sprechen/Reagieren gibt, sowohl bei den Kindern als auch bei der Erzieherin. "Gespräche" müssen unterschieden werden von einseitiger Kommunikation wie z.B. bei Anweisungen oder Aufforderungen. Für Kinder mit geringen sprachlichen Fähigkeiten sollen Antworten nicht nur verbal gegeben, sondern auch Gestik, Gebärdensprache oder andere Kommunikationsmittel mit einbezogen werden.

(5.3) *Erweitern* meint, dass die Erzieherin verbal reagiert und weitere Informationen zu dem, was das Kind sagt, hinzufügt. Beispiel: Ein Kind sagt: "Schau dir das Lastauto an." Die Erzieherin reagiert: "Das ist ein rotes Müllauto. Schau her, es hat Platz, viele Dinge mitzunehmen."

(7.1) Diese Einschätzung trifft zu, wenn während der Beobachtung verschiedene Beispiele beobachtet werden.

(7.2) Diese Einschätzung trifft zu, wenn während der Beobachtung verschiedene Beispiele beobachtet werden.

IV. AKTIVITÄTEN

19. Feinmotorische Aktivitäten

Unzureichend		Minimal		Gut		Ausgezeichnet
1	2	3	4	5	6	7

1.1 Sehr wenige, dem Entwicklungsstand der Kinder angemessene Materialien für feinmotorische Aktivitäten zum täglichen Gebrauch zugänglich.

1.2 Materialien für feinmotorische Aktivitäten sind allgemein in schlechtem Zustand oder unvollständig (z.B. fehlende Puzzleteile, kaum Nägel/Stifte für Nagelbrett vorhanden).

3.1 Einige dem Entwicklungsstand der Kinder angemessene Materialien unterschiedlicher Art zugänglich.* *← 2 aus jedem Bereich*

3.2 Die meisten Materialien sind in gutem Zustand und vollständig.

5.1 Eine Vielfalt dem Entwicklungsstand der Kinder angemessener Materialien unterschiedlicher Art ist an einem wesentlichen Teil des Tages zugänglich.* *mind. 12 Materialien*

5.2 Materialien sind gut geordnet (z.B. Nägel und Nagelbrett sind zusammen; Bauelemente unterschiedlicher Systeme werden getrennt aufbewahrt).

5.3 Materialien für unterschiedliche Fertigkeitsstufen sind zugänglich (z.B. verschiedene Arten von Puzzles entsprechen den unterschiedlichen feinmotorischen Fertigkeiten der Kinder).

7.1 Materialien werden ausgetauscht, um das Interesse aufrechtzuerhalten.

7.2 Zugängliche Behälter und Regale zur Aufbewahrung sind gekennzeichnet, um die selbstständige Nutzung zu erleichtern (z.B. Bilder oder Symbole werden zur Kennzeichnung an Behältern und Regalen genutzt; Beschriftung für ältere Kinder).

auch durchsichtige Behälter müssen gekennzeichnet sein (für selbständiges Aufräumen / einräumen)

Ergänzende Hinweise

(3.1) Es gibt verschiedene *Arten* von Materialien für feinmotorische Aktivitäten. Dazu gehören kleine Bauspielzeuge zum In- und Aneinanderfügen; Materialien zum kreativen Gestalten wie Buntstifte und Scheren; Materialien wie Perlen in verschiedenen Größen zum Auffädeln; Nagelbrett und Nägel; Handarbeitsmaterialien wie z.B. Prickelnadeln; Puzzles. *Steck-Bauspielzeug – Material f. kreatives Gestalten Puzzles – Perlen/Legematerial u.s.w.*

(5.1) *Vielfalt* bedeutet, dass unterschiedliche Materialien mindestens drei verschiedener Arten verfügbar sind.

Fragen

(5.1) Wann sind die unterschiedlichen Materialien für feinmotorische Aktivitäten den Kindern zugänglich?

(7.1) Benutzen Sie auch andere feinmotorische Materialien mit den Kindern? Wie wird das gehandhabt?

20. Künstlerisches Gestalten*

Unzureichend		Minimal		Gut		Ausgezeichnet
1	2	3	4	5	6	7

1.1 Den Kindern stehen kaum Materialien zum künstlerischen Gestalten zur Verfügung.

3.1 Einige Materialien zum künstlerischen Gestalten stehen mindestens eine Stunde am Tag zur Verfügung.*

5.1 Vielfältiges Material zum künstlerischen Gestalten steht in ausreichender Menge für einen wesentlichen Teil des Tages zur Verfügung.*

7.1 Dreidimensionale Materialien werden mindestens einmal im Monat einbezogen.

1.2 Kein individuelles Gestalten bei künstlerischen Aktivitäten (z.B. Ausmalen von Malbüchern oder Arbeitsblättern; Kopieren einer Vorlage nach Anweisung der Erzieherin).*

3.2 Gewisser individueller Ausdruck beim Umgang mit Materialien zum künstlerischen Gestalten (z.B. Kinder dürfen vorgefertigte Formen nach eigenen Vorstellungen gestalten; zusätzlich zu von der Erzieherin vorgegebenen Arbeiten dürfen sie auch individuelle Dinge gestalten).

5.2 Individueller Ausdruck im Umgang mit Materialien überwiegt (z.B. kaum Arbeiten, bei denen Kinder eine Vorlage nachahmen; die Arbeiten der Kinder sind vielfältig und individuell).

7.2 Einige der künstlerischen Aktivitäten stehen in Beziehung zu anderen Erfahrungen der Gruppe (z.B. Kinder malen Bilder von Ereignissen bei einem gemeinsamen Ausflug).

7.3 Es werden Vorkehrungen getroffen, damit Kinder über mehrere Tage an künstlerischen Aktivitäten oder Projekten arbeiten können (z.B. noch nicht fertig gestellte Arbeiten können aufbewahrt werden; Kinder werden zu Arbeiten angeregt, die mehrere aufeinander folgende Schritte erfordern).

Ergänzende Hinweise

Beispiele für Materialien zum künstlerischen Gestalten: *Materialien zum Zeichnen* wie Papier, Buntstifte, dicke Stifte, ungiftige Filzstifte, dicke Stifte und Farben wie Pinsel und Farben; *dreidimensionale Materialien* wie Knet- und Formmasse, Ton; *Materialien für Arbeiten mit Holz*; *Materialien für Collagen*; *Werkzeuge* wie Scheren, Hefter, Locher, Klebeband.

(1.2) *Individuelles Gestalten* heißt, dass jedes Kind sich das Thema und/oder die Materialien auswählen kann und die Arbeit auf seine Weise ausführt. Auch eine Anzahl von Bildern, die unterschiedlich sind, weil die Kinder keine Vorlage nachahmen sollten, sind als individuelles Gestalten zu bewerten.

(3.1) In Gruppen mit Kindern unter drei Jahren oder Entwicklungsverzögerungen kann die Erzieherin die Materialien unter Beaufsichtigung täglich solange zur Verfügung stellen, wie Interesse bei den Kindern besteht. Für Kinder mit Behinderungen können Anpassungen bei der Zugänglichkeit von Materialien notwendig werden.

(5.1) *Vielfältig* bedeutet, dass Materialien mindestens drei verschiedener Arten verfügbar sind. Zeichenmaterialien müssen dazugehören.

Fragen

(7.1) Werden Materialien für dreidimensionales Gestalten wie Ton oder Holz genutzt? Wenn ja, wie oft?

(7.2) Wie wählen Sie die künstlerischen Aktivitäten aus, die Sie den Kindern anbieten?

(7.3) Bieten Sie den Kindern künstlerische Aktivitäten an, an denen sie über mehrere Tage hinweg arbeiten können? Bitte beschreiben Sie einige Beispiele.

21. Musik und Bewegung

[handschriftlich: keine musikal. Frühförderung (bezahlt)]

Unzureichend		Minimal		Gut		Ausgezeichnet
1	2	3	4	5	6	7

1.1 Keine Möglichkeiten für Erfahrungen mit Musik/Bewegung.

1.2 Laute Hintergrundmusik läuft an einem Großteil des Tages und stört laufende Aktivitäten (z.B. es ist schwierig, sich in normaler Lautstärke zu unterhalten; die Musik führt dazu, dass der Lärmpegel in der Gruppe steigt).

3.1 Einige Materialien für musikalische Erfahrungen stehen den Kindern zur Verfügung (z.B. einfache Instrumente; Klangspielzeuge; Kassettenrecorder). *[handschriftlich: mind. 2 Materialien]*

3.2 Erzieherin sorgt mindestens einmal am Tag für musikalische Aktivitäten (z.B. sie singt mit den Kindern ein Lied; sanfte Musik zur Ruhe-/Schlafenszeit; Musik zum Tanzen). *[handschriftlich: bei Nichtbeobachtg. nachfragen]*

3.3 Mindestens einmal pro Woche findet eine Bewegungs-/Tanzaktivität statt (z.B. Bewegung zu Musik, Liedern oder Reimen; die Kinder bekommen Tücher und werden zum Tanzen angeregt).

5.1 Viele verschiedene Materialien für musikalische Erfahrung sind für die Kinder zugänglich (z.B. Musikecke mit Instrumenten, Kassettenrecorder, Tanzrequisiten). *[handschriftlich: für die Hälfte d. Kd. 1 Instrum. + Zubehör]*

5.2 Die Kinder können Erfahrungen mit verschiedenen Arten von Musik machen (z.B. Klassik und Popmusik, Kinderlieder, Musik aus verschiedenen Kulturen, einige Lieder in anderen Sprachen).

7.1 Tägliche musikalische Aktivitäten sowohl zur freien Auswahl als auch in der Gruppe.

7.2 Gelegentlich werden musikalische Aktivitäten angeboten, die das Verständnis der Kinder für Musik erweitern (z.B. jemand wird eingeladen, um ein Instrument vorzuführen; Kinder stellen Instrumente her; Erzieherin führt Aktivitäten zur Unterscheidung von Klängen durch).* *[handschriftlich: 3-4x pro Wo.]*

7.3 Kreativität der Kinder wird durch musikalische Aktivitäten gefördert (z.B. Kinder werden angeregt, neue Wörter/Texte zu Melodien zu improvisieren; individueller Ausdruck beim Tanzen wird angeregt).

Ergänzende Hinweise
(7.2)   *Gelegentlich* bedeutet hier mindestens drei- bis viermal pro Jahr.

Fragen
Wie handhaben Sie den Bereich Musik in Ihrer Gruppe?
(3.2)   Wie oft führen Sie mit den Kindern musikalische Aktivitäten durch?
(3.3)   Gibt es Tanz- oder Bewegungsaktivitäten? Wie oft?
(5.2)   Welche Arten von Musik hören Sie mit den Kindern?
(7.2)   Gibt es besondere musikalische Aktivitäten?
(7.3)   Haben die Kinder die Möglichkeit, musikalische Aktivitäten nach ihren eigenen Vorstellungen zu gestalten?

22. Bausteine*

Unzureichend		Minimal		Gut		Ausgezeichnet
1	**2**	**3**	**4**	**5**	**6**	**7**
1.1 Den Kindern stehen nur wenige Bausteine zur Verfügung.		3.1 Ausreichend Bausteine und Zubehör vorhanden, so dass mindestens zwei Kinder gleichzeitig und unabhängig voneinander bauen können.*		5.1 Spezielle Baucke abseits der Laufwege, mit Aufbewahrungsmöglichkeiten und angemessenem Bodenbelag (z.B. flacher Teppich oder andere stabile Oberfläche).*		7.1 Mehrere Arten von Bausteinen und eine Vielfalt an Zubehör stehen täglich zur Verfügung (z.B. große und kleine Bausteine; kommerzielle und selbst hergestellte Bausteine).
		3.2 Gewisser freier Bodenbereich wird für Bauspiele genutzt.		5.2 Ausreichend Bausteine, Platz und Zubehör vorhanden, so dass drei oder mehr Kinder gleichzeitig damit spielen können.		7.2 Bausteine und Zubehör werden in offenen, gekennzeichneten Regalen aufbewahrt und z.B. mit einem Bild oder Symbol eines Bausteins gekennzeichnet.
		3.3 Bausteine und Zubehör sind für den täglichen Gebrauch verfügbar.		5.3 Bausteine und Zubehör sind nach unterschiedlichen Arten geordnet.		7.3 Einige Baumaterialien stehen auch im Außenbereich zur Verfügung.
				5.4 Baucke ist an einem wesentlichen Teil des Tages zugänglich.		

(handschriftliche Notizen: "GT mind. 1 Std.", "best Epal d. kd. bro- / Bausteine dann aufräumen", "Anfang – alle Bausteine be- / ... achten", "z.B. Steine, Holz, Schaumstoff... / mindl. 3 Arten")

Ergänzende Hinweise

Bausteine sind Materialien, um größere Gebilde zu bauen. Verschiedene Arten von Bausteinen aus Holz und Kunststoff, mit *unterschiedlichen Grundflächen* wie Rechteck, Quadrat, Dreieck und Kreis; *großformatige Hohlbausteine* (aus Holz, Kunststoff oder Karton): *selbst gemachte Bausteine* (auch Haushaltsgegenstände wie Lebensmittel- oder Kunststoffbehälter). Beachten Sie bitte, dass Bausteine zum Ineinanderstecken wie z.B. *Duplo und Lego* unter Merkmal 19 berücksichtigt werden.

(3.1) Zubehör bereichert das Bauspiel. Beispiele: kleine Puppen und Figuren, Tiere, Fahrzeuge und Verkehrsschilder.

(5.1) Der Baubereich kann auch außerhalb des Gruppenraums liegen (z.B. ein eigener Bauraum auf der Etage), wenn er für die Kinder regelmäßig zugänglich ist.

Fragen

(3.3) Wie oft sind Bauspiele möglich? Wie lange stehen die Bausteine den Kindern zur Verfügung?

(7.3) Spielen die Kinder im Außenbereich mit Bausteinen?

23. Sand/Wasser*

[handschriftlich: Materialien zum Schütten (Körner, Griess...) keine Bälle, Kastanien usw.]

Unzureichend		Minimal		Gut		Ausgezeichnet
1	2	3	4	5	6	7

1.1 Keine Ausstattung für Spiele mit Sand *oder* Wasser vorhanden, weder draußen noch drinnen.*

1.2 Keine Spielzeuge, die für Spiele mit Sand *oder* Wasser genutzt werden können.

3.1 Gewisse Ausstattung für Spiele mit Sand *oder* Wasser entweder draußen *oder* drinnen vorhanden.*

3.2 Einige Sandspielzeuge sind vorhanden.

5.1 Ausstattung für Spiele mit Sand *und* Wasser (entweder draußen *oder* drinnen). *[handschriftlich: Wasseranschluss aber nicht unmittelbar neben Sand]*

5.2 Vielfalt von Spielzeugen vorhanden (z.B. Behälter, Löffel, Kellen, Schaufeln, Trichter, Töpfe und Pfannen, Formen, Sandautos, usw.). *[handschriftlich: = verschiedene Arten nicht Relation zu Kd.]*

5.3 Spiele mit Sand *oder* Wasser sind mindestens eine Stunde täglich möglich. *[handschriftlich: kann gegraben werden, wenn Sandkästen bei fast jedem Wetter genutzt wird, nicht wenn es von Okt.–April gesperrt ist.]*

7.1 Ausstattung für Spiele mit Sand *und* Wasser, drinnen *und* draußen (soweit das Wetter es zulässt).

7.2 Es finden verschiedene Aktivitäten mit Sand und Wasser statt (z.B. Zugabe von Schaum ins Wasser; Materialien im Sandtisch werden ausgetauscht, z.B. feiner Sand wird durch kleine Kieselsteine ersetzt).

Ergänzende Hinweise

Sand kann durch andere Materialien, die sich zum Schütten eignen, ersetzt werden. Sand oder entsprechender Ersatz muss in ausreichender Menge vorhanden sein, so dass Kinder darin graben, umfüllen und schütten können.

(1.1)   *Ausstattung* für Spiele mit Sand und Wasser setzt voraus, dass angemessene Materialien für solche Spiele bereitgestellt werden. Es entspricht nicht den Anforderungen dieses Merkmals, wenn die Kinder in einer Pfütze spielen oder in Schmutz oder Erde auf dem Spielplatz graben dürfen.

(3.1)   Es muss nicht in jedem Gruppenraum ein Sand- und Wassertisch vorhanden sein, aber die Kinder müssen regelmäßig die Möglichkeit haben, diese Ausstattung zu nutzen.

Fragen

(3.1)   Gibt es Sand- oder Wasserspiele mit den Kindern der Gruppe? Wie unterstützen Sie diese? Wie oft? Wo sind Sand/Wasser zugänglich?

(3.2)   Gibt es Spielzeuge, die die Kinder beim Spiel mit Sand oder Wasser nutzen? Beschreiben Sie diese Dinge bitte.

(7.2)   Bieten Sie wechselnde Aktivitäten mit Sand und Wasser an?

24. Rollenspiel*

1 Unzureichend	2	3 Minimal	4	5 Gut	6	7 Ausgezeichnet
1.1 Materialien und Ausstattung für Verkleidungs- oder Rollenspiele sind nicht verfügbar.		3.1 Einige Materialien und Möbel für Familienspiele verfügbar (z.B. Kleidungsstücke, Haushaltsgegenstände, Puppen).		5.1 Viele Materialien für Rollenspiel zugänglich, einschließlich Verkleidungsstücke.* *(Mind. 3 kd.)*		7.1 Materialien werden ausgetauscht, um eine Vielfalt von Spielthemen zu ermöglichen (z.B. Ausstattungskisten für Themen aus der Arbeitswelt, aus dem Fantasie- oder Freizeitbereich).
		3.2 Diese Materialien stehen mindestens eine Stunde täglich zur Verfügung. *(Wird 3.2. nicht gegeben a auch 3.3. „)*		5.2 Diese Materialien stehen an einem wesentlichen Teil des Tages zur Verfügung.		7.2 Ausstattung repräsentiert Unterschiedlichkeit (z.B. Puppen, Requisiten aus verschiedenen Kulturen; Ausstattung für behinderte Menschen).
		3.3 Spezielle Aufbewahrung von Materialien für Rollenspiele.		5.3 Ausstattung für mindestens zwei verschiedene Themen steht täglich zur Verfügung (z.B. Haushalt und Beruf).		7.3 Ausstattung für Rollenspiele im Außenbereich vorhanden.*
				5.4 Spezieller Bereich für Rollenspiel mit ausreichendem Platz zum Spielen und angemessenen Aufbewahrungsmöglichkeiten vorhanden. *(nicht im Raum. Quadi, Kizt o.k.)*		7.4 Bilder, Geschichten und Ausflüge werden genutzt, um das Rollenspiel mit neuen Ideen zu bereichern.

Handwritten note (center): Sachen sollen nicht im Raum herumliegen, sondern für den zusammen aufbereitet

Ergänzende Hinweise

Rollenspiel meint „so zu tun als ob". Im Rollenspiel kreieren Kinder Fantasiewelten und verarbeiten Erlebnisse und Erfahrungen ihrer Alltagswelt, einschließlich medialer Erfahrungen. Die Kinder können bei dieser Art von Spiel selbst Rollen ausführen oder Rollen über andere Figuren – wie z.B. eine Puppenfamilie in einem Puppenhaus – zum Ausdruck bringen. Das Rollenspiel wird unterstützt durch Requisiten, die eine Vielfalt von Themen anregen, einschließlich häuslicher Situationen (z.B. Puppen, Kindermöbel, Verkleidungsgegenstände, Küchenutensilien), Themen aus der Arbeits- und Berufswelt (z.B. Büro, Geschäft, Bauernhof, Feuerwehr, Transport), Fantasie (z.B. Tiere, Dinosaurier, Figuren aus Geschichten) und Freizeit (Camping, Sport).

(5.1) Verkleidungsgegenstände sollen mehr sein als hochhackige Schuhe, Kleider, Handtaschen und Frauenhüte, die üblicherweise in Rollenspielbereichen zu finden sind. Es sollen auch Dinge vorhanden sein, die von Männern und Frauen bei der Arbeit getragen werden wie Kopfbedeckungen aus der Arbeitswelt, Arztkittel und Jackets.

(5.3) Hier wird erfasst, ob hinreichend viel Platz vorhanden ist, so dass Kinder ihr Rollenspiel lebhaft gestalten können, ohne andere Aktivitäten zu stören. Ein großzügiger Innenbereich wie eine Turn- oder Mehrzweckhalle kann den Außenbereich ersetzen. Ausstattung (z.B. kleine Häuser, Autos oder Boote) und andere Materialien für das Rollenspiel (z.B. Gegenstände für Bereiche wie Camping, Kochen, Beruf/Arbeit, Transport oder Verkleidungsgegenstände) sollen zugänglich sein.

Fragen

(7.1) Gibt es andere Materialien für Rollenspiele, die die Kinder nutzen können? Bitte beschreiben Sie diese Gegenstände.
(7.3) Werden Materialien für Rollenspiele auch im Außenbereich oder in einem größeren Raum im Innenbereich genutzt?
(7.4) Tun Sie etwas, um das Rollenspiel der Kinder mit neuen Ideen zu erweitern?

Handwritten note: Am Bundu brachten, wird 5.1. nicht gegeben, denn auch 5.3.

25. Naturerfahrungen/Sachwissen*

Unzureichend		Minimal		Gut		Ausgezeichnet
1	**2**	**3**	**4**	**5**	**6**	**7**

1.1 Keine Spiele, Materialien oder Aktivitäten aus dem Bereich Naturerfahrungen/Sachwissen verfügbar.

1.2 Es werden keine Orte/Personen außerhalb der Einrichtung mit den Kindern besucht.

3.1 Einige dem Entwicklungsstand der Kinder angemessene Spiele, Materialien oder Aktivitäten zu zwei Themen aus dem Bereich Naturerfahrungen/Sachwissen stehen zur Verfügung.*

mind. 2. Dekopflanzen Wochen mit ge-zählt

Wird 3.1. nicht ortült, dann auch nicht 3.2.

3.2 Diese Materialien stehen täglich zur Verfügung.

3.3 Kinder werden angeregt, Dinge aus der Natur mitzubringen, um sie anderen Kindern zu zeigen oder um sie Sammlungen hinzuzufügen (z.B. Blätter, Muscheln, Steine u.a.).

3.4 Gelegentlich werden mit den Kindern vorbereitete Besuche von Orten/Personen außerhalb der Einrichtung unternommen.

5.1 Viele dem Entwicklungsstand der Kinder angemessene Spiele, Materialien oder Aktivitäten zu drei Themen aus dem Bereich Naturerfahrungen/Sachwissen stehen zur Verfügung.*

Wird 5.1. nicht erfült, dann auch 5.2.

5.2 Diese Materialien stehen an einem wesentlichen Teil des Tages zur Verfügung.

5.3 Materialien für den Bereich Naturerfahrungen/Sachwissen sind gut organisiert und in gutem Zustand (z.B. Sammlung wird in speziellem Behälter aufbewahrt).

5.4 Ereignisse des täglichen Lebens werden als Grundlage für Lernerfahrungen der Kinder genutzt (z.B. Gespräche über das Wetter; Beobachtung von Insekten oder Vögeln; über den Lauf der Jahreszeiten sprechen; Seifenblasen, Drachen steigen lassen an windigen Tagen; das Frieren und Schmelzen von Schnee beobachten).*

5.5 Exkursionen werden in das Gruppengeschehen eingebunden (z.B. Erfahrungen vor Ort werden aufbereitet und in Spielaktivitäten einbezogen).

7.1 Aktivitäten im Bereich Naturerfahrungen/Sachwissen, für die intensivere Vorbereitung durch die Erzieherin erforderlich ist, werden mindestens alle zwei Wochen angeboten (z.B. Kochen; einfache Experimente wie das Messen von Niederschlag; Ausflüge).

7.2 Bücher, Bilder und/oder Ton- und Bildmaterialien werden genutzt, um Informationen hinzuzufügen und die eigenen Erfahrungen der Kinder zu erweitern.

7.3 Das Einbeziehen von Orten/Personen außerhalb der Einrichtung wird regelmäßig für entdeckendes Lernen genutzt.

= mind. 4× Jahr

Bitte die ergänzenden Hinweise und Fragen auf der nächsten Seite beachten!!!

Ergänzende Hinweise

Naturerfahrungen/Sachwissen bezieht sich auf Materialien zu verschiedenen Themen wie *Sammlungen* von Naturgegenständen (z.B. Steine, Insekten, Saatgut), *Pflanzen oder Tiere* zur Pflege und Beobachtung, *Bücher oder Spiele* zum Thema Naturerfahrungen/Sachwissen (z.B. Bildkartenspiele zu Gegenständen und Abläufen in der Natur) und *Aktivitäten* wie Kochen oder einfache *Experimente* (z.B. mit Magneten, Lupen, Experimente mit schwimmenden und sinkenden Gegenständen).

(3.1) Materialien, die die Kinder eigenständig und mit offenem Ergebnis erkunden und verän-dern können, sind in der Regel entwicklungsangemessen für verschiedene Altersstufen und Fähigkeiten, deren Anforderungen über die Fähigkeiten des einzelnen Kindes hinausgehen oder die die Kinder nicht ausreichend fordern, sind nicht entwick-lungsangemessen. Zum Beispiel kann es für Fünfjährige eine angemessene Aktivität sein, ein Thermometer zu benutzen, um „heiß" von „kalt" zu unterscheiden, nicht aber für Zweijährige.

(5.1) *Viele* bedeutet ungefähr drei bis fünf zu jedem Themenbereich. Berücksichtigen Sie bei der Einschätzung Alter und Anzahl der Kinder.

(5.4) Es muss ein Beispiel beobachtet werden bzw. es müssen klare Hinweise gegeben sein, z.B. durch Bilder oder Zeichnungen.

Fragen

(3.3) Bringen die Kinder Dinge aus der Natur und Sachgegenstände mit? Wie gehen Sie damit um?

(3.4, 5.5, 7.3) Besuchen Sie mit den Kindern Orte oder Personen außerhalb der Einrichtung? Wie oft besuchen Sie Orte/Personen außerhalb der Einrichtung? Wie bereiten Sie diese Besuche vor? Welchen Stellenwert haben diese Besuche im Gruppengeschehen?

(7.1) Können Sie mir einige Beispiele für Aktivitäten aus dem Themenbereich Naturerfahrungen/Sachwissen nennen, die Sie mit den Kindern unternehmen, zusätzlich zu denen, die ich gesehen habe? Wie oft finden diese Aktivitäten statt?

(7.2) Nutzen Sie Bücher oder andere Medien zum Themenbereich Naturerfahrungen/Sachwissen mit den Kindern? Bitte beschreiben Sie diese.

26. Mathematisches Verständnis*

Unzureichend		Minimal		Gut		Ausgezeichnet
1	2	3	4	5	6	7

1.1 Keine Materialien zum Bereich Mathematik/Zählen verfügbar.

1.2 Vermittlung von Rechnen/Zählen erfolgt hauptsächlich über Aufsagen von Zahlenreihen und über Arbeitsblätter.

3.1 Einige dem Entwicklungsstand der Kinder angemessene Materialien zum Bereich Mathematik/Zählen verfügbar.* *(handschr.: Jeweils 2 Materialien aus 3 Themenbereichen)*

3.2 Diese Materialien stehen täglich zur Verfügung. *(handschr.: GT = 1 Std. + T = ½ Std. / Tg.)*

*(handschr.: * Zählen / Messen / Vgl. v. Mengen / Erkennen v. Formen / Zahlen, Ziffern)*

(handschr.: 3.1. min = auch / 3.2. min)

5.1 Viele dem Entwicklungsstand der Kinder angemessene, verschiedenartige Materialien verfügbar (z.B. zum Zählen, Messen, Erlernen von Formen und Größen).* *(handschr.: 5.1. nicht vorhben, dann auch 5.2. nicht!)*

5.2 Diese Materialien sind für einen wesentlichen Teil des Tages verfügbar. *(handschr.: Jeweils 3 Materialien aus fünf Bereichen)*

5.3 Materialien sind gut organisiert und in gutem Zustand (z.B. alle benötigten Teile eines Spiels werden zusammen aufbewahrt).

5.4 Tägliche Aktivitäten der Kinder werden als Lernerfahrung zur Förderung des mathematischen Verständnisses und des Zählens genutzt (z.B. beim Tischdecken, Einführen von Zeiteinheiten bei Spielen).* *(handschr.: von d. Erz. angeleitet und mind. 1x beobachtet sein)*

*(handschr.: * klar erkennbar sein, dass die Materialien f. Mathematik genutzt werden)*

7.1 Aktivitäten zum Bereich Mathematik/Zählen, die intensivere Vorbereitung durch die Erzieherin erfordern, werden mindestens alle zwei Wochen angeboten (z.B. Erstellen einer Messlatte, um die Größe der Kinder zu vergleichen; Zählen und Aufschreiben der Anzahl von Vögeln am Futterhaus).

7.2 Materialien werden ausgetauscht, um das Interesse aufrechtzuerhalten (z.B. verschiedene Gegenstände zum Zählen, Wiegen oder Messen).

Ergänzende Hinweise

Der Begriff *Mathematik* wird weit gefasst. Materialien zu diesem Bereich helfen den Kindern, Erfahrungen beim Zählen, Messen, Vergleichen von Mengen und Erkennen von Formen zu machen und mit Zahlen/Ziffern vertraut zu werden. Beispiele für solche Materialien sind kleine Gegenstände zum Zählen, Waagen, Lineale oder Metermaße, Magnetzahlen, Zahlenspiele und geometrische Formen.

(3.1) Entwicklungsangemessene Materialien erlauben den Kindern, mit konkreten Gegenständen umzugehen, um mit Mengen, Größen und Formen zu experimentieren und um Begriffe zu entwickeln, die sie später für abstraktere Aufgaben in der Schule brauchen wie Addieren, Subtrahieren und Lösen schriftlicher Aufgaben. Ob ein Material oder eine Aktivität entwicklungsangemessen ist, hängt von den Fähigkeiten und Interessen der Kinder ab. Die gelegentliche Bearbeitung von Aufgaben auf Arbeitsblättern mag für ältere Kinder angemessen sein, wenn sie darüber hinaus Gelegenheit haben, mit vielen anderen konkreten Materialien umzugehen, nicht aber für zwei- bis dreijährige Kinder.

(5.1) *Viele* bedeutet ungefähr drei bis fünf von jeder Art. Berücksichtigen Sie bei der Einschätzung Alter und Anzahl der Kinder.

(5.4) Der Bezug zu mathematischem Verständnis soll mehr als einmal beobachtet werden, um diesen Aspekt als gegeben bewerten zu können.

Fragen

(7.1) Können Sie mir einige Beispiele für mathematische Aktivitäten mit den Kindern nennen, zusätzlich zu denen, die ich gesehen habe?

(7.2) Gibt es noch andere Materialien zum Rechnen und Zählen, die Sie mit den Kindern nutzen? In welcher Weise werden sie genutzt?

27. Nutzung von Fernsehen, Video und/oder Computer*

Wenn nicht vorhanden, dann … lassen … Nutzung ihre die Annahme = NA

1 Unzureichend	2	3 Minimal	4	5 Gut	6	7 Ausgezeichnet
1.1 Die genutzten Programme/Inhalte sind dem Entwicklungsstand der Kinder nicht angemessen (z.B. gewalttätige oder sexuelle Inhalte; furchterregende Personen oder Geschichten; zu schwierige Computerspiele).		3.1 Alle genutzten Programme/Inhalte sind gewaltfrei und nicht diskriminierend.		5.1 Es werden nur Materialien/Programme genutzt, die als für Kinder empfehlenswert eingestuft sind (z.B. zum Lernen anregende Fernseh-/Videosendungen und Computerspiele).		7.1 Einige der Computerprogramme regen die Kreativität der Kinder an (z.B. kreative Zeichen- oder Malprogramme; Programme, die die Entwicklung von Problemlösungsstrategien anregen). *NA möglich**
1.2 Den Kindern stehen keine alternativen Aktivitäten zur Verfügung, während TV/Video/Computer genutzt wird (z.B. alle Kinder müssen zur gleichen Zeit ein Video anschauen).		3.2 Während der Nutzung von TV/Video/Computer stehen alternative Aktivitäten zur Verfügung.		5.2 Computer wird als eine von vielen Aktivitäten, die den Kindern zur Verfügung stehen, genutzt. *NA möglich**		7.2 Materialien werden genutzt, um Themen und Aktivitäten in der Gruppe zu unterstützen und zu erweitern (z.B. CD-ROM oder ein Video über Insekten ergänzt die Informationen zu einem entsprechenden Thema/Projekt in der Gruppe; ein geplanter Ausflug zu einem Bauernhof wird mit Film-/Videomaterial vorbereitet).
		3.3 Zeiten für den Gebrauch von TV/Video/Computer sind begrenzt.		5.3 Die meisten Materialien regen die aktive Einbeziehung der Kinder an (z.B. Kinder tanzen/singen zu einem Video; Computerprogramme regen Kinder zum Nachzudenken an).		
				5.4 Erzieherin beteiligt sich aktiv an der Nutzung von TV/Video oder Computer (z.B. spricht mit Kindern über Videos; hilft Kindern, den Computer zu nutzen).		

Ergänzende Hinweise Wenn weder Fernseher, Video noch Computer genutzt werden, vermerken Sie für dieses Merkmal NA. Stellen Sie immer die Frage, ob diese Geräte genutzt werden, auch wenn Sie im Gruppenraum nicht zu sehen sind, da sie oft von mehreren Gruppen gemeinsam genutzt werden.

(5.2) *NA möglich*, wenn kein Computer mit den Kindern genutzt wird. (7.1) *NA möglich*, wenn kein Computer mit den Kindern genutzt wird.

Fragen
Werden Fernseher, Video oder Computer mit den Kindern genutzt? Wie werden sie genutzt?
Wie wählen Sie die Programme und Inhalte aus, die mit den Kindern genutzt werden?
(1.2) Stehen den Kindern andere Aktivitäten zur Verfügung, während Fernsehen oder Video genutzt werden?
(3.3) Wie oft und wie lange werden Fernseher, Video oder Computer mit den Kindern genutzt?
(5.3) Regen einige dieser Programme/Inhalte die aktive Einbeziehung der Kinder an? Bitte nennen Sie einige Beispiele.
(7.2) Nutzen Sie Fernseher, Video oder Computer in Bezug auf bestimmte Themen in der Gruppe? In welcher Weise?

28. Förderung von Toleranz und Akzeptanz von Verschiedenartigkeit/Individualität*

Unzureichend		Minimal		Gut		Ausgezeichnet
1	2	3	4	5	6	7

1.1 In den Materialien wird keine ethnische oder kulturelle Verschiedenartigkeit sichtbar (z.B. alle Spielzeuge, Darstellungen und gedruckte Materialien beziehen sich ausschließlich auf eine ethnische Gruppe/Kultur; Bücher, Kassetten und ähnliche Materialien sind in einer Sprache gehalten, obwohl in der Gruppe auch Kinder mit einer anderen Muttersprache betreut werden).*

[handschriftlich: (zählen auch Unterschiede wie: Brillenträger, Langhaar, Mädchen u.s.w.)]

1.2 Materialien zeigen nur stereotype Darstellungen hinsichtlich ethnischer Gruppen, Kulturen, Alter, Fähigkeiten und Geschlecht.

1.3 Erzieherin drückt Vorurteile gegenüber anderen aus (z.B. gegenüber Kindern und Erwachsenen anderer Hautfarbe oder aus anderen Kulturen, gegenüber behinderten Menschen).

[handschriftlich: Stereotype o. Diskriminierungen in Liedern, Spielen, Materialien,... sind nicht erkennbar = Nein]

3.1 In den Materialien wird eine gewisse ethnische und kulturelle Verschiedenartigkeit sichtbar (z.B. bei Puppen, Büchern oder Musikkassetten; wenn Kinder mit einer anderen Muttersprache in der Gruppe sind, sind einige Materialien in ihrer Muttersprache vorhanden).

[handschriftlich: 1x ethn. Bereich Bsp. Candos farbige Menschen; 1x kulturelles Bereich Bsp. Kleidg. Geschirr, Musik, Wutkest ...]

3.2 Materialien zeigen in positiver Weise Unterschiedlichkeit von Menschen (z.B. Kulturen, Altersgruppen, Fähigkeiten oder Geschlecht).

3.3 Erzieherin begegnet Vorurteilen bei Kindern oder Erwachsenen in angemessener Weise (z.B. sie spricht mit den Kindern über Ähnlichkeiten und Unterschiede) *oder* in der Gruppe sind keine Vorurteile sichtbar.

5.1 Viele Bücher, Bilder und Materialien verfügbar, die in nicht-stereotyper Weise Menschen verschiedener ethnischer Gruppen, Kulturen, verschiedenen Alters und Geschlechts und mit verschiedenen Fähigkeiten zeigen (z.B. Darstellungen aus der Vergangenheit und Gegenwart; Darstellungen verschiedener Tätigkeiten und Berufe zeigen Männer und Frauen sowohl in traditionellen als auch nichttraditionellen Rollen).

5.2 Einige Requisiten aus verschiedenen Kulturen werden ins Rollenspiel einbezogen (z.B. Puppen, Kleidungsstücke, Koch- und Essensutensilien aus verschiedenen ethnischen Gruppen und Kulturen).

7.1 Berücksichtigung von Verschiedenartigkeit gehört zum Gruppenalltag (z.B. Gerichte aus anderen Kulturen sind regulärer Teil der Mahlzeiten; Musik und Lieder aus verschiedenen Kulturen werden regelmäßig bei musikalischen Aktivitäten einbezogen).

7.2 Es gibt geplante Aktivitäten, die das Verständnis und die Akzeptanz von Unterschiedlichkeit fördern (z.B. Eltern werden angeregt, die Kinder der Gruppe mit Gebräuchen der Familie bekannt zu machen; einige Feiern und Gedenktage aus anderen Kulturen werden berücksichtigt).

Ergänzende Hinweise
Toleranz und Akzeptanz beziehen sich auf ethnische, kulturelle und individuelle Verschiedenheit.

(1.1) Wenn Sie das Ausmaß von Verschiedenartigkeit in den Materialien bewerten, berücksichtigen Sie alle Bereiche und Materialien, die von den Kindern genutzt werden, einschließlich ausgestellte Bilder und Fotos, Bücher, Puzzles, Spiele, Puppen, Spielfiguren in der Bauecke, Handpuppen, Musikkassetten, Videos und Computerprogramme.

Fragen
(3.1) Können Sie mir Beispiele nennen, welche Arten von Musik Sie mit den Kindern hören?

(7.2) Gibt es Aktivitäten, die den Kindern dabei helfen, Verständnis für die Verschiedenartigkeit von Menschen in unserem Land und auf der Welt zu entwickeln? Bitte nennen Sie Beispiele.

V. INTERAKTIONEN

29. Beaufsichtigung/Begleitung/Anleitung bei grobmotorischen Aktivitäten*

1 Unzureichend	2	3 Minimal	4	5 Gut	6	7 Ausgezeichnet
1.1 Unzureichende Beaufsichtigung in Bereichen für grobmotorische Aktivitäten bezogen auf Gesundheit und Sicherheit der Kinder (z.B. Kinder sind unbeaufsichtigt, auch wenn es nur für eine kurze Zeit ist; nicht genügend Erwachsene, um die Kinder in diesem Bereich zu beaufsichtigen; Erzieherinnen sind den Kindern gegenüber unaufmerksam).		3.1 Ausreichende Beaufsichtigung, die die Gesundheit und Sicherheit der Kinder gewährleistet (z.B. genügend Erzieherinnen anwesend, um die Kinder in diesem Bereich zu beaufsichtigen; Erzieherinnen halten sich so auf, dass sie den gesamten Bereich überblicken können; Erzieherinnen gehen umher, wenn es erforderlich ist; sie greifen ein, wenn Probleme auftreten).		5.1 Erzieherin beugt gefährlichen Situationen vor, (z.B. sie räumt kaputtes Spielzeug oder andere Gefahrenquellen beiseite, bevor Kinder damit in Berührung kommen; der sie unterricht grobe Spiele, bevor sich Kinder verletzen).		7.1 Erzieherin unterhält sich mit den Kindern über ihre Spielideen (z.B. sie führt Begriffe ein wie nah/fern, schnell/langsam bei jüngeren Kindern; sie regt die Kinder an, etwas über ihr Bauvorhaben oder Rollenspiel zu erzählen).
1.2 Die meisten Erzieher-Kind-Interaktionen sind negativ gefärbt (z.B. Erzieherin erscheint verärgert; es herrscht eine strafende und übertrieben kontrollierende Atmosphäre).		3.2 Einige positive Erzieher-Kind-Interaktionen (z.B. Erzieherin tröstet ein Kind, wenn es aufgebracht oder verletzt ist; sie zeigt Anerkennung bei neuen Fertigkeiten, spricht in angenehmem Ton).		5.2 Die meisten Erzieher-Kind-Interaktionen sind angenehm und unterstützend.		7.2 Erzieherin hilft, das Spiel der Kinder zu bereichern (z.B. sie hilft, eine Hindernisstrecke zum Dreiradfahren aufzubauen).
				5.3 Erzieherin hilft Kindern, Fertigkeiten zu entwickeln, die sie brauchen, um die Ausstattungsgegenstände nutzen zu können (z.B. sie hilft den Kindern zu lernen, wie man auf der Schaukel Schwung holt; sie hilft behinderten Kindern, unterstützende Pedale am Dreirad zu nutzen).		7.3 Erzieherin hilft den Kindern, positive soziale Interaktionen zu entwickeln (z.B. sie hilft den Kindern, sich an einem beliebten Gerät abzuwechseln; stellt die Geräte zur Verfügung, die die Kooperation zwischen den Kindern fördern, wie eine Schiff-/Balkenschaukel für zwei Kinder).

Ergänzende Hinweise

Bei der Bewertung dieses Merkmals sind *alle* Erzieherinnen, die grobmotorische Aktivitäten beaufsichtigen, zu berücksichtigen. Beachten Sie bitte auch die Hinweise zu Merkmal 14.

Fragen

Können Sie beschreiben, wie die Kinder während grobmotorischer Aktivitäten und dem Spiel im Freien beaufsichtigt werden?

(5.3)　Was passiert, wenn Kinder Schwierigkeiten haben, ein Gerät zu nutzen?

30. Allgemeine Beaufsichtigung/Begleitung/Anleitung der Kinder (außer bei grobmotorischen Aktivitäten)*

Unzureichend		Minimal		Gut		Ausgezeichnet
1	2	3	4	5	6	7

1.1 Unzureichende Beaufsichtigung der Kinder (z.B. Erzieherin lässt die Kinder unbeaufsichtigt; die Sicherheit der Kinder ist nicht gewährleistet; Erzieherin richtet ihre Aufmerksamkeit hauptsächlich auf andere Aufgaben).

1.2 Beaufsichtigung ist oft strafend oder übertrieben kontrollierend (z.B. Erzieherin schreit, maßregelt die Kinder, sagt immer wieder „nein").

3.1 Ausreichende Beaufsichtigung, die Sicherheit der Kinder zu gewährleisten.

3.2 Erzieherin achtet auf Sauberkeit und verhindert ungeeignete Verwendung von Materialien (z.B. schmutzige Tische werden nach Naturexperimenten gereinigt; Kinder werden davon abgehalten, eine ganze Flasche Leim zu leeren).

3.3 Beaufsichtigung/Anleitung verläuft größtenteils ohne Bestrafung. Kontrolle wird in einer angemessenen Art und Weise ausgeübt.

5.1 Sorgfältige Beaufsichtigung, die den Alters- und Entwicklungsunterschieden der Kinder angemessen ist (z.B. jüngere bzw. impulsivere Kinder erhalten mehr Aufmerksamkeit).

5.2 Erzieherin gibt Kindern bei Bedarf Hilfe und Anregung (z.B. sie hilft, dass ein umherwanderndes Kind ins Spiel einbezogen wird; hilft einem Kind, ein Puzzle zu vollenden).

5.3 Erzieherin zeigt Aufmerksamkeit gegenüber der ganzen Gruppe, auch wenn sie sich mit einzelnen Kindern oder einer kleinen Gruppe beschäftigt (z.B. sie überblickt häufig den Raum, wenn sie mit einem Kind arbeitet; wenn bestimmte Bereiche nicht überschaubar sind, werden sie von anderen Erzieherinnen beaufsichtigt).

5.4 Erzieherin zeigt Anerkennung für die Bemühungen und Fähigkeiten der Kinder.

7.1 Erzieherin spricht mit den Kindern über ihre Spielideen, stellt Fragen und ergänzt Informationen, um das Denken der Kinder zu erweitern.

7.2 Balance zwischen den Bedürfnissen der Kinder nach selbstständigem Erkunden und Lernanregungen durch die Erzieherin wird gewahrt (z.B. ein Kind darf eine Malarbeit beenden, bevor es aufgefordert wird, darüber zu erzählen; ein Kind darf herausfinden, dass ein Bauwerk umfällt, wenn es das Gleichgewicht verliert).

Ergänzende Hinweise

Beachten Sie bitte auch die Hinweise zu Merkmal 14.

31. Verhaltensregeln/Disziplin

(handschriftlich) 5.2. Es hat Situationen im Spiel, kd. gehen nicht aggressiv miteinander um

Unzureichend		Minimal		Gut		Ausgezeichnet
1	2	3	4	5	6	7
1.1 Kinder werden mit drastischen Methoden kontrolliert (z.B. An-schreien, Einsperren oder Vorent-halten von Essen).		3.1 Erzieherin wendet keine körperli-chen Strafen oder drastischen Me-thoden an.		5.1 Erzieherin nutzt nicht-strafende Methoden erfolgreich zur Schaf-fung von Disziplin (z.B. sie be-achtet positives Verhalten; lenkt ein Kind von einer inakzeptablen zu einer alternativen und akzep-tablen Aktivität). *An der [handschriftlich] muss...*		7.1 Erzieherin bezieht die Kinder ak-tiv in die Lösung ihrer Konflikte und Probleme ein (z.B. sie hilft Kindern, über ihre Probleme zu sprechen und über Lösungen nachzudenken; sensibilisiert Kin-der, mit anderen mitzufühlen).
1.2 Disziplin ist gering, da es kaum Ordnung oder Kontrolle gibt.		3.2 Erzieherin hat gewöhnlich genug Überblick, um zu verhindern, dass die Kinder einander wehtun.		5.2 Erzieherin beugt Konflikten vor und fördert altersangemessene In-teraktionen.		7.2 Erzieherin nutzt Aktivitäten, um Kindern zu helfen, soziale Situati-onen zu verstehen (z.B. sie nutzt Kinderbücher und Gruppendiskus-sionen mit Kindern, um gemein-same Konflikte durchzusprechen).
1.3 Erwartungen an das Verhalten sind größtenteils dem Alter und dem Entwicklungsstand der Kin-der unangemessen (z.B. alle Kin-der müssen während der Mahlzeit still sein; Kinder müssen über eine längere Zeit still warten).		3.3 Die Erwartungen an das Verhalten sind größtenteils dem Alter und dem Entwicklungsstand der Kin-der angemessen.		5.3 Erzieherinnen reagieren konsi-stent/konsequent auf das Verhal-ten der Kinder (z.B. verschiedene Erzieherinnen wenden die glei-chen Regeln und Methoden an; grundlegende Regeln gelten für al-le Kinder; Erzieherin reagiert in ähnlichen Situationen in ähnlicher Weise).*		7.3 Erzieherin berät sich bei Verhal-tensproblemen mit anderen Fach-kräften.

Ergänzende Hinweise

(5.3) Erzieherinnen müssen sich im Allgemeinen einig sein, wie sie mit unterschiedlichen Si-tuationen und Kindern umgehen. Das bedeutet nicht, dass es keine Flexibilität geben darf. Allgemeine Regeln für positive Interaktionen in einer Gruppe, wie nicht schlagen oder verletzen, auf andere Personen und Materialien Rücksicht nehmen, sollten von allen befolgt werden. In Integrationsgruppen können spezielle Maßnahmen erforderlich sein, um einem behinderten Kind zu helfen, die allgemeinen Gruppenregeln befolgen zu kön-nen.

Fragen

(7.2) Welche Aktivitäten nutzen Sie, um Kinder zu unterstützen, mit sozialen Situationen umzugehen?

(7.3) Was tun Sie, wenn ein Kind mit sehr schwierigen Verhaltensproblemen in einer Gruppe haben?

32. Erzieher-Kind-Interaktion*

Unzureichend		Minimal		Gut		Ausgezeichnet
1	2	3	4	5	6	7

1.1 Erzieherin ist unaufmerksam oder nicht in Kontakt mit Kindern (z.B. sie ignoriert Kinder; sie erscheint distanziert oder teilnahmslos).

1.2 Interaktionen sind unangenehm (z.B. die Stimmen klingen angespannt und gereizt).

1.3 Körperkontakt wird hauptsächlich zur Kontrolle genutzt (z.B. um die Kinder zur Eile anzutreiben) oder ist unangemessen (z.B. ungewünschtes Umarmen oder Kitzeln).

3.1 Erzieherin reagiert meistens in einer freundlichen, unterstützenden Art und Weise auf die Kinder (z.B. Erzieherin und Kinder scheinen entspannt zu sein, heitere Stimmen, häufiges Lächeln).

3.2 Wenn überhaupt, dann nur wenige unangenehme Interaktionen.

5.1 Erzieherin hat angemessenen Körperkontakt (z.B. eine Umarmung erwidern). _in den meisten Fällen_

5.2 Erzieherin zeigt den Kindern gegenüber Respekt (z.B. sie hört aufmerksam zu; stellt Blickkontakt her, behandelt Kinder fair, macht keine Unterschiede).

5.3 Erzieherin reagiert anteilnehmend, um Kindern zu helfen, die aufgebracht, verletzt oder wütend sind.

7.1 Erzieherin scheint Freude daran zu haben, mit den Kindern zusammen zu sein.

7.2 Erzieherin fördert die Entwicklung gegenseitigen Respekts zwischen Kindern und Erwachsenen (z.B. sie wartet mit ihrer Antwort so lange, bis die Kinder ihre Fragen zu Ende formuliert haben; sie regt Kinder in höflicher Art an zuzuhören, wenn Erwachsene sprechen).

Unbedingt Kommentare, wenn Bewertung unter 5

Ergänzende Hinweise

Die verschiedenen Qualitätsaspekte in diesem Merkmal treffen im Allgemeinen auf verschiedene Kulturen und Individuen zu, obwohl es Unterschiede geben kann, wie sie erreicht werden. So ist z.B. direkter Blickkontakt in manchen Kulturen Ausdruck für Respekt, in anderen gerade nicht. Ebenfalls lächeln manche Personen mehr bzw. sind ausdrucksvoller als andere. Die Anforderung für die Qualitätsaspekte müssen jedoch trotz solcher Unterschiede grundsätzlich erfüllt werden, obwohl es Unterschiede in der Art und Weise geben kann, wie dies geschieht.

33. Kind-Kind-Interaktion

1 Unzureichend	2	3 Minimal	4	5 Gut	6	7 Ausgezeichnet
1.1 Interaktionen zwischen den Kindern werden behindert oder nicht zugelassen (z.B. Kinder werden davon abgehalten, sich miteinander zu unterhalten; wenige Möglichkeiten für Kinder, ihre Spielkameraden auszuwählen).		3.1 Interaktionen zwischen den Kindern werden unterstützt (z.B. Kinder dürfen sich frei bewegen, so dass sich natürliche Gruppen bilden und Interaktionen stattfinden können).		5.1 Erzieherin ist Vorbild für positives soziales Verhalten (z.B. sie ist freundlich zu anderen, hört zu, ist einfühlsam, kooperativ).		7.1 Interaktionen zwischen Kindern sind in der Regel positiv (z.B. Kinder arbeiten oft zusammen und teilen; Kinder spielen meistens gut zusammen, ohne sich zu schlagen).
1.2 Erzieherin gibt geringe oder keine Anleitung für positive Interaktionen zwischen den Kindern.		3.2 Erzieherin unterbricht negative Interaktionen zwischen den Kindern (z.B. sie unterbricht das Rufen von Schimpfwörtern, Schlagen).		5.2 Erzieherin hilft den Kindern, angemessenes soziales Verhalten gegenüber anderen Kindern zu entwickeln (z.B. sie hilft den Kindern, über Konflikte zu sprechen, anstatt sich zu schlagen; sie regt sozial wenig integrierte Kinder an, Freunde zu finden; hilft den Kindern, Gefühle anderer zu verstehen).		7.2 Erzieherin schafft einige Möglichkeiten für Kinder zusammenzuarbeiten, um eine Aufgabe zu vollenden (z.B. eine Gruppe von Kindern arbeitet zusammen, um eine lange Papierwand mit vielen Zeichnungen auszugestalten; sie bereiten eine Suppe mit vielen Zutaten zu; stellen zusammen Stühle an einen Tisch).
1.3 Geringe oder keine positiven Interaktionen zwischen den Kindern (z.B. Hänseln/Ärgern, Zanken, Schlagen sind üblich).		3.3 Es finden einige positive Interaktionen zwischen den Kindern statt.				

Fragen

(7.2) Gibt es Aktivitäten, die Sie nutzen, um die Kinder zum gemeinsamen Arbeiten anzuregen? Können Sie mir einige Beispiele nennen?

VI. STRUKTURIERUNG DER PÄDAGOGISCHEN ARBEIT

34. Tagesablauf

Unzureichend		Minimal		Gut		Ausgezeichnet
1	2	3	4	5	6	7

1.1 Der Tagesablauf ist *entweder* zu starr und lässt keine Zeit für individuelle Interessen *oder* ist zu flexibel (chaotisch) und es fehlt eine verlässliche Abfolge von täglichen Ereignissen.*

3.1 Es gibt einen grundlegenden Tagesablauf, der den Kindern bekannt ist (z.B. Pflegeroutinen und Aktivitäten finden an den meisten Tagen in etwa der gleichen Abfolge statt).

3.2 Zeitstruktur des Tagesablaufs ist sichtbar aufgehängt und enthält das, was im Allgemeinen stattfindet.* *Wochenplan ist nicht ausreichend*

3.3 Es findet täglich mindestens eine Spielphase sowohl drinnen als auch draußen statt (soweit das Wetter es zulässt).

3.4 Täglich gibt es sowohl grobmotorische Aktivitäten als auch ruhigere Spielphasen.

nachfragen: welche Aktionen bei schlechtem Wetter

5.1 Die Tagesplanung schafft eine Balance zwischen fester Struktur und Flexibilität (z.B. die regulär festgelegte Zeit für das Spiel im Freien kann bei schönem Wetter verlängert werden).

5.2 Täglich gibt es eine Vielfalt an Spielaktivitäten, einige von der Erzieherin angeleitete und einige von den Kindern initiierte.

5.3 Ein wesentlicher Teil des Tages wird für Spielaktivitäten genutzt.

5.4 Es gibt keine langen Wartezeiten beim Übergang von einer Aktivität zur anderen.

7.1 Fließende Übergänge zwischen täglichen Ereignissen (z.B. Material steht für folgende Aktivitäten bereit, bevor die gerade laufende Aktivität beendet ist; Kinder wechseln Aktivitäten individuell oder in kleinen Gruppen).

7.2 Der Tagesablauf wird variiert, um die individuellen Bedürfnisse zu berücksichtigen (z.B. kürzere Erzählzeit für ein Kind mit einer geringeren Aufmerksamkeitsspanne; ein Kind kann seine begonnene Aktivität beenden, auch wenn das länger dauert als ursprünglich eingeplant; ein langsam essendes Kind darf nach seinem Tempo die Mahlzeit beenden).

Ergänzende Hinweise

(1.1)   Tägliche Ereignisse sind: Zeiten für Spielaktivitäten drinnen oder draußen, Routinen wie Mahlzeiten/Zwischenmahlzeiten, Ruhe- und Schlafzeiten und Begrüßung/Verabschiedung.

(3.2)   Der schriftliche Tagesplan braucht nicht auf die Minute eingehalten zu werden. Der Aspekt bezieht sich darauf, ob es im Allgemeinen eine Abfolge von zentralen Ereignissen gibt.

35. **Freispiel***

Adäung Zusammenhang 41|39|30, Lisel Biomp[...] bringng schläft es sich dost nicht

1	2	3	4	5	6	7
Unzureichend		**Minimal**		**Gut**		**Ausgezeichnet**
1.1 _Entweder_ gibt es wenige Möglichkeiten für Freispiel _oder_ der größte Teil des Tages wird in unbeaufsichtigtem Freispiel verbracht.		3.1 Gewisse Möglichkeiten für das Freispiel bestehen drinnen _und_ draußen, soweit das Wetter es zulässt.		5.1 Freispiel findet an einem wesentlichen Teil des Tages statt, sowohl drinnen als auch draußen (z.B. mehrere Abschnitte für Freispiel im Tagesablauf).		7.1 Beaufsichtigung und Unterstützung werden für pädagogische Interaktionen genutzt (z.B. Erzieherin hilft den Kindern, über Konfliktlösungen nachzudenken; sie regt die Kinder an, über Aktivitäten zu sprechen, führt Begriffe im Zusammenhang mit dem Spiel ein).
1.2 Spielzeug, Spiele und Ausstattung sind für Freispiel ungeeignet.		3.2 Beaufsichtigung ist auf die Gesundheit und Sicherheit der Kinder gerichtet.		5.2 Beaufsichtigung und Unterstützung sind darauf gerichtet, das Spiel der Kinder zu fördern (z.B. Erzieherin hilft den Kindern, die Materialien zu bekommen, die sie für ihr Spiel brauchen; sie hilft den Kindern bei Materialien, die schwer zu handhaben sind).		7.2 Neues Material/neue Erfahrungen für das Freispiel kommen regelmäßig hinzu (z.B. Materialien werden ausgetauscht; neue Aktivitäten entsprechend den Interessen der Kinder kommen hinzu).
		3.3 Einige Spielzeuge, Spiele und Ausstattung stehen den Kindern für Freispiel zur Verfügung.		5.3 Reichhaltiges und abwechslungsreiches Spielzeug, Spiele und Ausstattung für Freispiel sind vorhanden.		

Ergänzende Hinweise

Kinder können Materialien und Spielpartner auswählen und so weit wie möglich das Spiel selbstständig gestalten. Erzieher-Kind-Interaktion erfolgt in Abhängigkeit von den Bedürfnissen des Kindes.
Situationen, in denen die Erzieherin Kinder zu Spielbereichen zuordnet oder die Erzieherin Materialien auswählt, die die Kinder nutzen dürfen, zählen nicht zum Freispiel.

Fragen

Können Sie einige Möglichkeiten beschreiben, die die Kinder für das Freispiel haben? Wann und wo finden diese statt? Womit können die Kinder spielen?

36. Gruppenstruktur

Unzureichend		Minimal		Gut		Ausgezeichnet
1	**2**	**3**	**4**	**5**	**6**	**7**

1.1 Kinder befinden sich die meiste Zeit des Tages in der Gesamtgruppe (z.B. alle Kinder sind an der gleichen künstlerischen Aktivität beteiligt, allen wird zur gleichen Zeit eine Geschichte erzählt, alle hören gemeinsam eine Kassette, alle nutzen zur gleichen Zeit den Waschraum).

1.2 Erzieherin ergreift nur selten die Möglichkeit, mit einzelnen Kindern oder kleinen Gruppen zu interagieren.*

3.1 Einige Aktivitäten finden in kleinen Gruppen oder individuell statt.

3.2 Einige Möglichkeiten für die Kinder, sich in selbstausgewählten kleinen Gruppen zusammenzufinden.

5.1 Aktivitäten in der Gesamtgruppe sind auf kurze Perioden, die dem Alter und den Fähigkeiten der Kinder entsprechen, begrenzt.*
[handschriftlich: Fingerspiel o.ä. reicht aus]

5.2 Viele Aktivitäten finden in kleinen Gruppen oder individuell statt. *[handschriftlich: Häfte d. Zeit, sowohl v. Erz. angeleitet, als auch von Kd. initiiert]*

5.3 Einige Routinen finden in kleinen Gruppen oder individuell statt. *[handschriftlich: Bsp. Essen, Hände waschen, Zähne putzen etc.]*

7.1 Verschieden zusammengesetzte Teilgruppen sorgen für Abwechslung während des Tages. *[handschriftlich: mind. 2 Gr. von Erz. bewußt angeboten u. geplant z.B. für bestimmte Altersgr.]*

7.2 Erzieherin beschäftigt sich in pädagogischen Interaktionen sowohl mit kleinen Gruppen und einzelnen Kindern als auch mit der Gesamtgruppe (z.B. sie liest eine Geschichte vor, hilft kleinen Gruppen beim Kochen oder Experimentieren). *[handschriftlich: Kd. müssen informiert sein]*

7.3 Die Kinder haben vielfältige Möglichkeiten, sich in selbstgewählten kleinen Gruppen zusammenzufinden. *[handschriftlich: alle 3 Bereiche müssen beobachtet werden Freispiel, Routine, offene Angebote]*

Ergänzende Hinweise

(1.2) Welche Kleingruppengröße angemessen ist, kann sich in Abhängigkeit vom Alter und den individuellen Bedürfnissen der Kinder ändern. Entsprechend den Entwicklungsbesonderheiten Dreijähriger sind Kleingruppen mit drei bis fünf Kindern angemessen, während für Vier- bis Fünfjährige eine Kleingruppe fünf bis acht Kinder umfassen kann.

(5.1) Aktivitäten in der Gesamtgruppe können für jüngere oder behinderte Kinder ungeeignet sein. Wenn dies der Fall ist, sind Phasen in der Gesamtgruppe nicht erforderlich, um eine Bewertung mit 5 zu bekommen. Ob Aktivitäten in der Gesamtgruppe geeignet sind, erkennt man daran, ob die Kinder interessiert und einbezogen sind.

37. Vorkehrungen für Kinder mit Behinderungen*

Unzureichend		Minimal		Gut		Ausgezeichnet
1	2	**3**	4	**5**	6	**7**

1.1 Kein Bemühen der Erzieherin, die Bedürfnisse der behinderten Kinder einzuschätzen oder sich über vorhandene Beurteilungen oder Gutachten zu informieren.

1.2 Kein Bemühen, den besonderen Bedürfnissen der behinderten Kinder entgegenzukommen (z.B. keine Anpassungen in Interaktionen/Ausstattung/Tagesablauf).

1.3 Erzieherin beteiligt Eltern nicht, um die Bedürfnisse behinderter Kinder zu verstehen oder Ziele für diese Kinder festzulegen.

1.4 Behinderte Kinder werden sehr wenig in laufende Aktivitäten einbezogen (z.B. essen nicht am gleichen Tisch und nehmen nicht an Aktivitäten teil).

3.1 Erzieherin ist aus bereits vorhandenen Beurteilungen oder Gutachten über die Bedürfnisse der behinderten Kinder informiert.

3.2 Geringe Anpassungen, um den besonderen Bedürfnissen der behinderten Kinder gerecht zu werden.*

3.3 Gewisse Einbeziehung der Eltern und Mitarbeiterinnen, um Ziele für diese Kinder festzulegen.

3.4 Gewisse Einbeziehung der behinderten Kinder in laufende Aktivitäten.

5.1 Erzieherin berücksichtigt bei der Gestaltung von Aktivitäten und Interaktionen Vorschläge von Spezialisten (z.B. Mediziner, Psychotherapeuten, Logopäden, Sonder- oder Heilpädagogen), um festgelegte Ziele zu erreichen.

5.2 Anpassungen in Ausstattung, pädagogischer Arbeit und Tagesablauf, damit diese Kinder an vielen Aktivitäten teilnehmen können.

5.3 Zwischen Eltern und Erzieherin finden häufig Gespräche statt, in denen Ziele festgelegt und Erfahrungen über die Auswirkungen der pädagogischen Arbeit ausgetauscht werden.

7.1 Die meisten speziellen Fördermaßnahmen werden im regulären Tagesablauf der Gruppe durchgeführt (z.B. Fördermaßnahmen werden in Themen und Angebote für die Gruppe integriert).

7.2 Die behinderten Kinder sind in die Gruppe integriert und nehmen an den meisten Aktivitäten teil.

7.3 Erzieherin ist an individuellen Einschätzungen und an der Festlegung der Förderpläne beteiligt.

Ergänzende Hinweise

Dieses Merkmal wird nur eingeschätzt, wenn es in der Gruppe mindestens ein Kind gibt, das nach Auskunft der Erzieherin gemäß §§ 39, 40 BSHG oder § 35a KJHG behindert oder von Behinderung bedroht ist und für das ein besonderer Anspruch auf Eingliederungshilfe besteht. Ist dies nicht der Fall, gilt NA.

(3.2) Geringe Anpassungen können sein: Änderungen in der Ausstattung (z.B. eine Rampe), die es den Kindern erlauben, am Gruppengeschehen teilzunehmen; ein Therapeut kommt in die Einrichtung und arbeitet in regelmäßigen Abständen mit den Kindern.

Fragen

Können Sie beschreiben, wie Sie versuchen, den Bedürfnissen der behinderten Kinder Ihrer Gruppe gerecht zu werden?

(1.1, 3.1) Haben Sie Informationen aus Gutachten über diese Kinder? Wie nutzen Sie diese?

(1.2, 3.2, 5.2) Ist es notwendig, etwas zu tun, um die besonderen Bedürfnisse dieser Kinder zu berücksichtigen? Bitte beschreiben Sie, was Sie tun.

(1.3, 3.3, 5.3) Sind Sie und die Eltern der behinderten Kinder beteiligt, wenn es um Entscheidungen geht, wie die Bedürfnisse der Kinder erfüllt werden können? Bitte beschreiben Sie dies.

(5.1, 7.1) Wie werden besondere Fördermaßnahmen/Therapien durchgeführt?

(7.3) Werden Sie bei Einschätzungen oder der Entwicklung von Fördermaßnahmen eines behinderten Kindes einbezogen? Welche Rolle spielen Sie dabei?

VII. ELTERN UND ERZIEHERINNEN

38. Elternarbeit

Unzureichend		Minimal		Gut		Ausgezeichnet
1	2	3	4	5	6	7

1.1 Eltern erhalten keine schriftlichen Informationen über die Einrichtung. *[handschriftlich: persönl. Info, Aushang nichts nichts]*

1.2 Eltern werden von der Beobachtung des Gruppengeschehens oder der Teilnahme in der Gruppe fern gehalten.

3.1 Eltern erhalten schriftliche Informationen über Rahmenbedingungen der Einrichtung (z.B. Elternbeiträge, Öffnungszeiten, Regeln für die Aufnahme kranker Kinder).

3.2 Einige kindbezogene Informationen werden zwischen Eltern und Erzieherin ausgetauscht (z.B. informelle Gespräche; Elterngespräche nur auf Wunsch der Eltern; einige Materialien über Elternschaft).

3.3 Gewisse Möglichkeiten für Eltern und Familienmitglieder, sich in der Einrichtung zu beteiligen. *[handschriftlich: Beteiligungsmöglichkeiten]*

3.4 Interaktionen zwischen Familienmitgliedern und Erzieherin sind im Allgemeinen respektvoll und positiv.

5.1 Vor Aufnahme der Kinder werden die Eltern eingeladen, die entsprechende Kindergruppe kennen zu lernen. *[handschriftlich: offenes NT]*

5.2 Eltern werden mit dem Erziehungskonzept und der pädagogischen Arbeit vertraut gemacht (z.B. Elternhandbuch, Regeln, Beschreibung von Aktivitäten). *[handschriftlich: ausführl. Konzeption nicht nötig]*

5.3 Häufiger Austausch kindbezogener Informationen zwischen Eltern und Erzieherin (z.B. regelmäßige informelle Gespräche; Besprechungen; Elterntreffen; Materialien über Elternschaft sind verfügbar).

5.4 Vielzahl von Möglichkeiten für Familienmitglieder zur Teilnahme am Gruppengeschehen (z.B. Geburtstag, Frühstücken).

[handschriftlich: Gr. sollte spontan 3 Möglichkeiten sagen, die den Eltern angeboten werden]

7.1 Alle Eltern werden jährlich nach ihrer Einschätzung der pädagogischen Arbeit gefragt (z.B. mit Elternfragebögen bei Elternabenden).

7.2 Eltern werden bei Bedarf an Fachleute verwiesen (z.B. hinsichtlich spezieller Hilfen für Eltern, Gesundheitsvorsorge für Kinder).

7.3 Eltern sind gemeinsam mit Erzieherinnen an Entscheidungen beteiligt, die die Einrichtung betreffen (z.B. über Elternvertreter in Ausschüssen).

Fragen

(1.1, 3.1)	Gibt es schriftliche Informationen über die Einrichtung für Eltern? Was enthalten diese Informationen?
(1.2, 3.3, 5.4)	Gibt es für Eltern Möglichkeiten zur Teilnahme am Gruppengeschehen? Bitte geben Sie einige Beispiele.
(3.2, 5.3)	Tauschen Sie mit den Eltern Informationen über die Kinder aus? Wie tun Sie das?
(3.4)	Wie ist Ihr allgemeines Verhältnis zu den Eltern?
(5.1)	Haben die Eltern die Möglichkeit, die Gruppe vor Aufnahme ihres Kindes zu besuchen? Wie wird das gehandhabt?
(7.1)	Sind die Eltern an der Bewertung der pädagogischen Arbeit beteiligt? In welcher Art und Weise? Wie oft findet das statt?
(7.2)	Was tun Sie, wenn Eltern Probleme haben? Verweisen Sie die Eltern an Fachleute?
(7.3)	Werden Eltern in Entscheidungen, die die Einrichtung betreffen, einbezogen? Wie wird das gehandhabt?

39. Berücksichtigung persönlicher Bedürfnisse der Erzieherinnen

Unzureichend 1 2	Minimal 3 4	Gut 5 6	Ausgezeichnet 7
1.1 Keine speziellen Räumlichkeiten für Erzieherinnen vorhanden (z.B. keine separate Toilette, kein Aufenthaltsraum, keine Möglichkeit zur Aufbewahrung persönlicher Dinge).	3.1 Separate Toilette vorhanden.	5.1 Aufenthaltsraum mit erwachsenengerechten Möbeln vorhanden (keine doppelte Nutzung).	7.1 Separater Aufenthaltsraum vorhanden (keine doppelte Nutzung).
1.2 Keine Zeiten, um persönlichen Bedürfnissen nachzugehen; keine Pause.	3.2 Einige Möbel für Erwachsene sind außerhalb der Kinderbereiche vorhanden.	5.2 Angemessene Aufbewahrungsmöglichkeiten für persönliche Dinge, wenn nötig abschließbar.	7.2 Der Raum ist mit bequemen Möbeln für Erwachsene ausgestattet.
	3.3 Gewisse Aufbewahrungsmöglichkeiten für persönliche Dinge der Erzieherinnen.	5.3 Pausen am Morgen, Mittag und/oder Nachmittag sind täglich vorgesehen. *NA möglich*	7.3 Pausenzeiten sind flexibel.
	3.4 Erzieherinnen haben mindestens eine Pause am Tag. *NA möglich*	5.4 Möglichkeiten zur Zubereitung oder Aufbewahrung von Lebensmitteln (z.B. Platz im Kühlschrank; Kochgelegenheit).	
	3.5 Wenn notwendig, werden für Erzieherinnen mit Behinderungen besondere Vorkehrungen getroffen. *NA möglich*		

Handschriftliche Notizen: bei 3.4 „bu 2 Erz. Min Pro- Raum (Toilettenbereich o.ä.)"; bei 5.3 „NA über 30 Std./Wo" und „½ + ¼"; bei 7.2 „Doppeln – innerhalb d. Betreuungszeit möglich"; bei 3.3 „Wohin Sie re Ihr aufbewahren?"

Ergänzende Hinweise

(3.4) *NA möglich* für Erzieherinnen, die vier Stunden arbeiten.

(5.3) *NA möglich* für Erzieherinnen, die weniger als acht Stunden arbeiten.

(3.5) *NA möglich*, wenn keine Erzieherin mit Behinderung in der Gruppe arbeitet.

Fragen

(1.2, 3.4, 5.3) Gibt es tagsüber Zeiten, in denen Sie keine Verantwortung für die Kinder haben? Wann ist das?

(3.3) Wo bewahren Sie gewöhnlich Ihre persönlichen Dinge wie Mantel oder Handtasche auf? Funktioniert das gut?

40. Berücksichtigung fachlicher Bedürfnisse der Erzieherinnen

Unzureichend		Minimal		Gut		Ausgezeichnet
1	2	3	4	5	6	7

1.1 Kein Zugang zum Telefon.

1.2 Keine Aufbewahrungsmöglichkeiten für Unterlagen oder Materialien der Erzieherin (z.B. kein Platz zur Aufbewahrung von Material, das die Erzieherin zur Vorbereitung von Aktivitäten braucht).

1.3 Keine räumlichen Möglichkeiten für individuelle Beratungen/Gespräche während der Öffnungszeiten vorhanden.

3.1 Schneller Zugang zum Telefon.

hanstelefon zu wenig

3.2 Gewisse Aufbewahrungsmöglichkeiten vorhanden.

3.3 Gewisse räumliche Möglichkeiten für individuelle Beratungen während der Öffnungszeiten vorhanden.

kein separater Raum er- forderlich, aber unge- stört!

5.1 Großzügige Aufbewahrungsmöglichkeiten vorhanden.

5.2 Separater Büroraum zur Verwaltung der Einrichtung vorhanden.*

5.3 <u>Angemessene</u> räumliche Möglichkeiten für Beratungen und Treffen von Erwachsenen (z.B. doppelte Nutzung macht keine Abstimmungsschwierigkeiten; Vertraulichkeit ist gesichert; Möbel für Erwachsene sind vorhanden).

mit Tür

7.1 Gut ausgestatteter Büroraum zur Verwaltung der Einrichtung (z.B. Computer, Anrufbeantworter).

7.2 Die Einrichtung hat räumliche Möglichkeiten, die für individuelle Beratungen und Dienstbesprechungen genutzt werden können. Sie sind günstig gelegen, bequem und getrennt von den Aktivitätsbereichen der Kinder.

Raum d. keine andere Fkt. hat als diese

Ergänzende Hinweise

(5.2)   Das Büro muss innerhalb der Einrichtung sein, damit diese Bewertung vergeben werden kann.

Fragen

(1.1, 3.1)   Haben Sie Zugang zum Telefon? Wo ist es?

(1.2, 3.2, 5.1)   Haben Sie Aufbewahrungsmöglichkeiten für Unterlagen bzw. Materialien? Bitte beschreiben Sie mir diese.

(1.3, 3.3, 5.3, 7.2)   Gibt es räumliche Möglichkeiten, die Sie während der Anwesenheit der Kinder für Elternberatungen, Dienstbesprechungen oder für andere Treffen von Erwachsenen nutzen können? Bitte beschreiben Sie mir diese.

(5.2, 7.1)   Gibt es in Ihrer Einrichtung ein Büro? Bitte beschreiben Sie es.

41. Interaktion und Kooperation der Erzieherinnen*

1 Unzureichend	2	3 Minimal	4	5 Gut	6	7 Ausgezeichnet
1.1 Kein Austausch notwendiger Informationen zwischen den Erzieherinnen der Gruppe, um kindlichen Bedürfnissen gerecht zu werden (z.B. Informationen, dass Kinder früher abgeholt werden, werden nicht weitergegeben).		3.1 Einige grundlegende Informationen werden ausgetauscht, um kindlichen Bedürfnissen gerecht zu werden (z.B. über die Allergie eines Kindes wissen alle Erzieherinnen Bescheid).		5.1 Kindbezogene Informationen werden täglich zwischen den Erzieherinnen ausgetauscht (z.B. Informationen darüber, wie Routinen und Spielaktivitäten für bestimmte Kinder verlaufen).		7.1 Erzieherinnen, die mit derselben Gruppe oder im selben Raum arbeiten, haben mindestens 14-tägig gemeinsam Zeit für Planung und Reflexion.
1.2 Beziehungen zwischen den Erzieherinnen stören die Betreuungsaufgaben (z.B. Erzieherinnen führen während der Betreuungszeit Privatgespräche oder sind im Umgang miteinander barsch und unfreundlich).		3.2 Beziehungen zwischen den Erzieherinnen behindern nicht die Betreuungsaufgaben.		5.2 Interaktionen zwischen den Erzieherinnen sind positiv und tragen zu einer Atmosphäre von Wärme und Unterstützung bei.		7.2 Die Aufgaben sind für jede Erzieherin eindeutig definiert (z.B. eine Erzieherin stellt Spielmaterialien bereit, während die andere die Kinder begrüßt; eine hilft den Kindern bei der Vorbereitung auf die Schlafpause, während die andere das Zähneputzen beaufsichtigt).
1.3 Die Betreuungsaufgaben der Erzieherinnen sind nicht gerecht verteilt (z.B. eine Erzieherin erledigt die meisten Aufgaben, während die andere eher unbeteiligt ist).		3.3 Betreuungsaufgaben der Erzieherinnen sind gerecht verteilt.		5.3 Die Verantwortung für bestimmte Aufgaben ist so verteilt, dass sowohl Pflege als auch Spielaktivitäten reibungslos durchgeführt werden.		7.3 Die Einrichtung fördert positive Beziehungen der Erzieherinnen zueinander durch Veranstaltungen (z.B. Feiern und Ausflüge) und unterstützt die gemeinsame Teilnahme an Fachveranstaltungen.

Ergänzende Hinweise

Dieses Merkmal wird eingeschätzt, wenn zwei oder mehr Erzieherinnen bzw. Fachkräfte in der beobachteten Gruppe arbeiten, auch wenn sie dies zu unterschiedlichen Zeiten tun. Wenn nur eine Erzieherin in der Gruppe arbeitet, NA vermerken.

Fragen

(1.1, 3.1, 5.1) Haben Sie Möglichkeiten, Informationen über die Kinder mit den anderen Erzieherinnen, die in Ihrer Gruppe arbeiten, auszutauschen? Wann und wie oft geschieht das? Worüber tauschen Sie sich aus?

(7.1) Haben Sie zusammen mit den anderen Erzieherinnen Ihrer Gruppe Zeit zur Planung und Reflexion? Wie oft ungefähr?

(7.2) Wie teilen Sie Aufgaben untereinander auf?

(7.3) Werden von der Einrichtung Veranstaltungen organisiert, an denen Sie und die anderen Erzieherinnen zusammen teilnehmen können? Können Sie einige Beispiele nennen?

42. Fachliche Unterstützung und Evaluation der Erzieherinnen

Unzureichend		Minimal		Gut		Ausgezeichnet
1	2	3	4	5	6	7

1.1 Keine fachliche Unterstützung für die Erzieherinnen vorgesehen.

1.2 Keine Rückmeldungen oder keine Einschätzung der Arbeit der Erzieherinnen vorgesehen.

1.3 Keine Beratung/Anleitung durch Fachkräfte für die pädagogische Arbeit mit behinderten Kindern.*
*NA möglich**

[handschriftlich: Drosy./Rückm. Fachleuten, Leitg., Kollegin ...]
[handschriftlich: Kd. + Eltern nicht gemeint]

3.1 Gewisse fachliche Unterstützung für die Erzieherinnen vorgesehen (z.B. Leiterin beobachtet informell die Arbeit in der Gruppe; fachliche Unterstützung nur nach Anforderung).

3.2 Gewisse Rückmeldungen über die Arbeit der Erzieherinnen vorgesehen.

3.3 Gelegentliche Beratung/Anleitung für die pädagogische Arbeit mit Kindern mit Behinderung durch Fachkräfte (z.B. Weitergabe von Informationen über Ursachen und Hintergründe bestehender Probleme; allgemeine Anregungen für die pädagogische Arbeit mit behinderten Kindern).
*NA möglich**

[handschriftlich: Anfrage auf Unterstützung Bsp. Info über rechtl. Rahmenbedingungen]
[handschriftlich: Anfr. d. Erz. auf Rückm. ihrer Arb. nicht]

5.1 Jährlich sind Hospitationen bei Erzieherinnen vorgesehen. *[handschriftlich: 1x]*

5.2 Schriftliche Einschätzungen der pädagogischen Arbeit werden mindestens einmal jährlich (im Team) besprochen.

5.3 Die mündlichen/schriftlichen Einschätzungen enthalten sowohl Stärken der Erzieherinnen als auch Bereiche, die verbessert werden müssen.

5.4 Es werden Maßnahmen getroffen, die auf Empfehlungen/Vorschlägen der Einschätzungen basieren (z.B. gezielte Fortbildung; Anschaffung neuer Materialien, wenn erforderlich).

5.5 Regelmäßige Beratung/Anleitung durch Fachkräfte in Gruppen mit behinderten Kindern (z.B. konkrete Alltagssituationen werden zum Anlass genommen, um mit den Erzieherinnen auf die besonderen Bedürfnisse der behinderten Kinder bezogene Förderstrategien zu erarbeiten).
*NA möglich**

7.1 Erzieherinnen nehmen Selbsteinschätzungen ihrer Arbeit vor.

7.2 Fachliche Supervision und Rückmeldungen finden zusätzlich zu den jährlichen Hospitationen statt.

7.3 Rückmeldungen und Beratungen erfolgen in einer helfenden und unterstützenden Art und Weise statt.

7.4 Es gibt kontinuierliche, beratende Begleitung beim Einbezug der Förderstrategien für Kinder mit Behinderungen in das Gesamtangebot.
*NA möglich**

Bitte die ergänzenden Hinweise und Fragen auf der nächsten Seite beachten!!!

[handschriftlich: 5.1. Nein = 5.2. auch Nein]
[handschriftlich: 5.3. " = 5.4. " "]

Ergänzende Hinweise

(1.3) Fachkräfte sind z.B. Behindertenpädagogen, Therapeuten, Psychologen.

(5.5) *NA möglich*, wenn es in der Gruppe kein Kind gibt, das nach Auskunft der Erzieherin gemäß §§ 39, 40 BSHG oder § 35a KJHG behindert oder von Behinderung bedroht ist und für das ein besonderer Anspruch auf Eingliederungshilfe besteht.

(3.3) *NA möglich*, wenn es in der Gruppe kein Kind gibt, das nach Auskunft der Erzieherin gemäß §§ 39, 40 BSHG oder § 35a KJHG behindert oder von Behinderung bedroht ist und für das ein besonderer Anspruch auf Eingliederungshilfe besteht.

(7.4) *NA möglich*, wenn es in der Gruppe kein Kind gibt, das nach Auskunft der Erzieherin gemäß §§ 39, 40 BSHG oder § 35a KJHG behindert oder von Behinderung bedroht ist und für das ein besonderer Anspruch auf Eingliederungshilfe besteht.

Fragen

(1.1, 3.1, 5.1, 5.2) Erhalten Sie Unterstützung für Ihre Arbeit, z.B. in Form von fachlicher Beratung?

(1.2, 3.2, 5.2, 7.3) Erhalten Sie in irgendeiner Weise eine Rückmeldung über Ihre Arbeit? Wie wird das gehandhabt? Wie oft?

(5.4) Wenn Verbesserungen notwendig werden, wie wird das gehandhabt?

(7.1) Beteiligen Sie sich durch Selbsteinschätzung?

43. Fortbildungsmöglichkeiten*

Unzureichend		Minimal		Gut		Ausgezeichnet
1	2	3	4	5	6	7

1.1 Keine Einarbeitung neuer Mitarbeiter.

1.2 Keine Dienstbesprechungen.

1.3 Keine Fortbildungsmöglichkeiten für Mitarbeiter.

*nachfragen, beschreiben
Einarbeitung lassen:
evtl. auch bei Leitg.
fragen*

3.1 Gewisse Einarbeitung für neue Mitarbeiter umfasst Maßnahmen für Notfälle, zur Sicherheit und Gesundheit.

3.2 Einige Dienstbesprechungen zu Verwaltungsangelegenheiten finden statt.

3.3 Gewisse Möglichkeiten zur Fortbildung.

5.1 Gründliche Einarbeitung neuer Erzieherinnen umfasst den Umgang mit Kindern und Eltern, Erziehungsmethoden, angemessene Aktivitäten. *mit Laufen oder mindest. verbindl. Gespräche*

5.2 Monatliche Dienstbesprechungen umfassen Aktivitäten zur beruflichen Fortbildung.

5.3 Teilnahme an Kursen, Konferenzen oder Workshops außerhalb der Einrichtung wird unterstützt (z.B. Freistellung für Fortbildung, Erstattung der Reisekosten, Erstattung der Konferenzbeiträge).

5.4 Einige Fach- und Informationsmaterialien sind in der Einrichtung vorhanden (z.B. Bücher, Zeitschriften oder andere Materialien über kindliche Entwicklung, kulturelle Gegebenheiten oder Gruppenaktivitäten – sie können auch aus der Bibliothek ausgeliehen sein). *= 25 Stück, keine Bastelbücher*

7.1 Regelmäßige Fortbildungen sind in der Einrichtung vorgesehen (z.B. die Mitarbeiter haben innerhalb der Einrichtung regelmäßig die Möglichkeit, sich fortzubilden; Gastreferenten). *1x / Jahr*

7.2 Gute Fachbuchsammlung in der Einrichtung enthält aktuelle Materialien zu einer Vielzahl inhaltlicher Aspekte über die frühe Kindheit. *50-60 Bücher, 2-3 Fachzeitschr. selbst anschauen!*

Ergänzende Hinweise

Informieren Sie sich zur Einschätzung des Merkmals bei den Erzieherinnen der Gruppe. Wenn die Erzieherinnen darüber keine Auskunft erteilen können, sollte die Leiterin gefragt werden.

Fragen

(1.1, 1.3, 3.1, 3.3, 5.1, 5.3) Gibt es Fortbildungsmöglichkeiten für die Mitarbeiterinnen? Bitte beschreiben Sie diese. Wie geht man mit neuen Mitarbeiterinnen um?

(1.2, 3.2, 5.2) Gibt es Dienstbesprechungen? Wie oft finden diese statt? Worum geht es in der Regel in den Dienstbesprechungen?

(5.4, 7.2) Gibt es in der Einrichtung Informationsmaterialien, die zu neuen Ideen anregen? Was enthalten sie?

(7.1) Gibt es Unterstützung zur Teilnahme an Konferenzen oder Kursen? Bitte erläutern Sie, wie diese Unterstützung aussieht.

7. Technische Qualität der KES-R

Ein sinnvoller Einsatz der KES-R in Selbstevaluationen und in Fremdevaluationen (d.h. in Beurteilungen durch externe Beobachter) setzt eine entsprechende technische Qualität dieses Erhebungsinstruments voraus. Zur Beurteilung der messtechnischen Güte der KES-R sollen im Folgenden die klassischen Gütekriterien Objektivität, Reliabilität und Validität herangezogen werden.[2]

Die KES-R ist die deutsche Version der Early Childhood Environment Rating Scale - Revised Edition (ECERS-R); ebenso ist sie eine Weiterentwicklung der Kindergarten-Einschätz-Skala (KES). Von daher können die messtechnischen Eigenschaften beider Versionen als Referenzdaten für die Messgüte der KES-R herangezogen werden.

Die amerikanischen Originalversionen ECERS und ECERS-R wurden und werden in vielen Untersuchungen als Instrumente für eine Qualitätseinschätzung eingesetzt. Die Autoren gehen davon aus, dass die revidierte Form der ECERS eine vergleichbare prädiktive Validität wie die ECERS selbst hat (vgl. Harms, Clifford & Cryer, 1998). Im Hinblick auf die Objektivität finden die Autoren in einer Untersuchung über alle Merkmale eine Beobachterübereinstimmung von 48 % für eine exakte Übereinstimmung und eine von 71% der Antwortskalen eine Abweichung von nur einem Punkt noch als Übereinstimmung gewertet wird). Die gewichteten Kappa-Koeffizienten für die einzelnen Merkmale liegen — mit Ausnahme des Merkmales 17 *Nutzung der Sprache zur Entwicklung kognitiver Fähigkeiten* — über 0.50, was als akzeptabel betrachtet werden kann; einige Kappas liegen über 0.80. Die Rangkorrelation (Spearman) zwischen den Gesamtwerten bei gleichzeitiger Einschätzung durch zwei Beobachter beträgt .87. Die internen Konsistenzen auf der Ebene der sieben Subskalen (Bereiche) reichen von .71 bis .88; für die Gesamtskala ergibt sich eine interne Konsistenz von .92.

Bei der ersten Veröffentlichung der KES (vgl. Tietze, Schuster & Roßbach, 1997) wurde ausführlich über die messtechnische Güte der KES auf der Basis einer breit angelegten Untersuchung von 103 Kindergartengruppen berichtet (vgl. auch Tietze u.a. 1998). Die KES erwies sich hier in messtechnischer Hinsicht als ein sehr zufrieden stellendes Beobachtungsverfahren. Da die KES-R im Wesentlichen auf der KES beruht und als eine Verbesserung bzw. Erweiterung und präzisere Formulierung der KES betrachtet werden kann, gehen wir davon aus, dass die messtechnische Güte der KES auch von der KES-R erreicht wird. Diese Erwartung bestätigt sich in einer Analyse, die an einer Stichprobe von 180 Kindergartengruppen aus zwei Bundesländern gewonnen wurde. Einige der Gruppen wurden dabei mehrfach beobachtet.

7.1 Objektivität

Zur Bestimmung der Objektivität im Sinne der Beobachterübereinstimmung wurden 10 Kindergartengruppen zum gleichen Zeitpunkt von jeweils zwei Beobachtern unabhängig voneinander in den 43 Merkmalen der KES-R eingestuft. Für jedes Beobachterpaar wurde pro beobachteter Gruppe die prozentuale Übereinstimmung über die 43 Merkmale berechnet. Die Beobachterübereinstimmungen reichen von 58% (d.h., in 25 der 43 Merkmale stimmen die beiden Beobachter exakt überein) bis 98% (d.h., in 42 der 43 Merkmale stimmen die beiden Beobachter exakt überein).[3] Betrachtet man eine Abweichung von nur einem Skalenpunkt noch als Übereinstimmung - was bei siebenstufigen Skalen als sinnvoll erscheint und in vergleichbaren Fällen häufig angewandt wird - so reichen die Beobachterübereinstimmungen von 84% bis 100%. Im Durchschnitt (Median) über die 10 Paare ergibt sich eine prozentuale Beobachterübereinstimmung von 71% (exakte Übereinstimmung) bzw. eine von 98% (Übereinstimmung innerhalb einer Skalenstufe). Diese Werte liegen deutlich höher als für die Originalversion ECERS-R (siehe weiter oben). Weiterhin wurde für jede Beurteilung der KES-R-Gesamtwert berechnet und die Messwerte der beiden Beobachter korreliert. Die Rangkorrelationen (Spearman) beträgt .97 und liegt damit ebenfalls über der entsprechenden Korrelation für die ECERS-R.

Insgesamt kann damit von einer guten Objektivität der KES-R ausgegangen werden. Dieses Ergebnis wurde auch schon für die KES gefunden. Allerdings muss darauf hingewiesen werden, dass als Voraussetzung für diese gute Objektivität der KES-R das sehr intensive Beobachtertraining angesehen werden muss.

7.2 Reliabilität

Zur Einschätzung der Reliabilität wurden die Test-Retest-Reliabilität und die interne Konsistenzen (Gesamtwert wie auch für Subskalen) geprüft. Zur Bestimmung der Test-Retest-Reliabilität wurden Kindergartengruppen zu zwei verschiedenen Zeitpunkten beobachtet. Die beiden Erhebungszeitpunkte lagen mit ein bis zehn Wochen Abstand relativ nahe beieinander. Dabei gibt es 10 Fälle, in denen der gleiche Beobachter die jeweilige Gruppe zu den beiden Zeitpunkten eingeschätzt hat, und 10 Fälle, in denen verschiedene Beobachter zu den beiden Zeitpunkten eingesetzt wurden. Bei Einsatz desselben Beobachters zu den zwei Zeitpunkten reichen die exakten Beobachterübereinstimmungen über die 43 Merkmale von 58% bis 86% (Median 73%) und die Beobachterübereinstimmun-

---

[2] Ein weiteres Gütekriterium – das der Ökonomie – wird ebenfalls von der KES-R erfüllt. Insgesamt gesehen dürfte ein Zeitaufwand von 4-5 Stunden, der für die Anwendung der KES-R erforderlich ist, als angemessen betrachtet werden können.

[3] Im Hinblick auf Merkmale, die mit NA eingeschätzt wurden, ergibt sich immer eine exakte Übereinstimmung.

gen innerhalb einer Skalenstufe von 81% bis 100% (Median 92%). Bei Einsatz von unterschiedlichen Beobachtern reichen die exakten Beobachterübereinstimmungen von 42% bis 77% (Median 65%) und die Beobachterübereinstimmungen innerhalb einer Skalenstufe von 92% bis 98% (Median 92%). Werden die KES-R Gesamtwerte zu den beiden Messzeitpunkten korreliert, so ergeben sich Rangkorrelationen (Spearman) von .92 (gleicher Beobachter) und .88 (verschiedene Beobachter).

Sowohl die Beobachterübereinstimmungen zu den beiden Zeitpunkten wie auch die Rangkorrelationen weisen auf eine sehr gute Test-Retest-Reliabilität hin. Dies gilt genauso für den strengeren Vergleich, wenn zu den beiden Zeitpunkten verschiedene Beobachter eingesetzt werden. Die hohen Test-Retest-Reliabilitäten verweisen auf zweierlei: eine hohe Reliabilität der KES-R und auf eine hohe Stabilität der Qualitätsmerkmale einer Kindergartengruppe. Die mit Hilfe der KES-R beurteilte Qualität wechselt somit nicht von einem Zeitpunkt zum anderen, vielmehr erleben die Kinder über diesen Zeitraum die gleiche Qualität. Allerdings muss hierbei berücksichtigt werden, dass die beiden Messzeitpunkte nur ein bis zehn Wochen auseinander lagen. Auch für die ursprüngliche KES ergab sich eine hohe Test-Retest-Reliabilität, hier sogar für einen Zeitraum von acht bis zehn Monaten.

Tabelle 1 enthält die internen Konsistenzen (Cronbach's ALPHA) und die korrigierten Merkmal-Total-Korrelationen für den Gesamtwert der KES-R sowie für die sieben Subskalen (Bereiche). Die Ergebnisse beruhen auf Beobachtungen an einer Stichprobe von 180 Kindergartengruppen. Bei der Bildung der entsprechenden Skalen wurden die Merkmale herausgenommen, in denen bei 25% und mehr der Gruppen NA angekreuzt wurde.[4] Zusätzlich sind zwei aufgrund von Faktorenanalysen gebildete additive Skalen aufgenommen, und zwar die Skalen „Pädagogische Interaktionen" und „Räumlich-materiale Ressourcen" (vgl. hierzu die Ausführungen zur Validität).
Die internen Konsistenzen für die KES-R liegen in der gleichen Größenordnung wie jene für die KES. Cronbach's ALPHA ist für den Gesamtwert mit .92 befriedigend hoch und vom Wert identisch mit dem in den USA gefundenen Alpha für die ECERS-R (vgl. weiter oben). Die internen Konsistenzen auf der Ebene der sieben Subskalen (Bereiche) reichen von .60 bis .85 und liegen damit im gleichen Bereich wie jene für die ECERS-R.

Tabelle 1: Reliabilitäten (Cronbach's ALPHA) und Spannbreiten der korrigierten Merkmal-Total-Korrelationen

Skalen	Anzahl der Merkmale	ALPHA	Merkmal-Total-Korrelationen
Gesamtwert	39	.92	.14-.77
Platz und Ausstattung	8	.71	.29-.54
Betreuung und Pflege der Kinder	5	.60	.27-.47
Sprachliche und kognitive Anregungen	4	.83	.48-.74
Aktivitäten	9	.78	.24-.56
Interaktionen	5	.85	.54-.74
Strukturierung der pädagogischen Arbeit	3	.71	.51-.59
Eltern und Erzieherinnen	5	.63	.27-.47
Pädagogische Interaktionen	10	.92	.56-.82
Räumlich-materiale Ressourcen	10	.82	.40-.59

Bei den etwas niedriger liegenden internen Konsistenzen auf der Subskalenebene muss allerdings berücksichtigt werden, dass in die Skalen nur relativ wenige Merkmale eingehen: maximal neun im Bereich „Aktivitäten"; minimal drei im Bereich „Strukturierung der pädagogischen Arbeit". Vor diesem Hintergrund sind die internen Konsistenzen für die Subskalen ebenfalls als befriedigend einzuschätzen. Die beiden auf Grund von Faktorenanalysen gebildeten additiven Skalen „Pädagogische Interaktionen" und „Räumlich-materiale Ressourcen" (vgl. 7.3) weisen mit .92 und .82 hohe interne Konsistenzen auf, die vergleichbar jener für den Gesamtwert sind. Im Allgemeinen liegen die (korrigierten) Merkmal-Total-Korrelationen in einer angemessenen Spannbreite; es gibt keine negativen Korrelationen. In der Tendenz finden sich die niedrigsten Korrelationen mit dem Gesamtwert bei den Merkmalen des Bereichs Eltern und Erzieherinnen (.14 - .36; ohne Tabelle). Zusammenfassend kann festgehalten werden, dass die KES-R sowohl im Hinblick auf die Test-Retest-Reliabilität als auch im Hinblick auf die internen Konsistenzen zufrieden stellende Werte aufweist, die weitestgehend vergleichbar sind mit jenen für die KES und die ECERS-R. Für Forschungszwecke kann hier besonders die Benutzung der Gesamtwerte sowie der beiden aufgrund von Faktorenanalysen gebildeten Skalen „Pädagogische Interaktionen" und „Räumlich-materiale Ressourcen" empfohlen werden.

---

[4] Dies betrifft die folgenden Merkmale: 11. *Ruhe- und Schlafzeiten* aus dem Bereich Betreuung und Pflege der Kinder; 27. *Nutzung von Fernsehen, Video und/oder Computer* aus dem Bereich Aktivitäten; 37. *Vorkehrungen für Kinder mit Behinderungen* aus dem Bereich Strukturierung der pädagogischen Arbeit; 41. *Interaktion und Kooperation der Mitarbeiter* aus dem Bereich Eltern und Erzieherinnen (dies sind die Gruppen mit nur einer Erzieherin).

7.3 Validität

Die Aufteilung der 43 Merkmale der KES-R auf die sieben Bereiche erfolgt nach inhaltlichen Gesichtspunkten. So sind z.B. alle Merkmale, die sich mit dem verfügbaren Platz und der Ausstattung beschäftigen, in dem Bereich „Platz und Ausstattung" zusammengefasst. Schon bei der KES zeigte sich, dass die damit angesprochenen Qualitätsmerkmale nicht zwingend auch empirisch kovariieren müssen. Zur Aufklärung der empirischen Struktur der KES-R wurden deshalb auf der Basis der Beobachtungen in den 180 Kindergartengruppen verschiedene Faktorenanalysen (Hauptkomponentenanalysen mit anschließender Varimax-Rotation) durchgeführt, in die 39 Merkmale eingingen. Ausgeschlossen wurden wieder die Merkmale, in denen für 25% und mehr der beobachteten Gruppen NA angekreuzt wurde (Merkmale 11, 27, 37, 41). Nach dem Scree-Test wären Lösungen mit drei oder vier Faktoren sinnvoll; betrachtet wurden alle Lösungen mit drei bis sechs Faktoren, die von 40,7% bis 52,8% der Gesamtvarianz aufklären.

In allen vier Faktorenanalysen bleiben die ersten beiden Faktoren praktisch identisch. Ein weiterer Faktor, der aber nur aus drei Merkmalen besteht, bleibt ebenfalls weitgehend über die verschiedenen Lösungen erhalten, während sich ansonsten wechselnde Faktoren zeigen. Diese jeweils ersten beiden Faktoren sind auch deshalb von besonderem Interesse, weil sie sich inhaltlich vergleichbar schon bei den Analysen zur Faktorenstruktur der KES und international in verschiedenen ECERS-Datensätzen in Deutschland, Portugal, Spanien und den USA zeigten. In den früheren Analysen wurde deshalb von zwei stabilen internationalen Qualitätsdimensionen „Pädagogische Interaktionen" und „Räumlich-materiale Ressourcen" ausgegangen, die sich unabhängig von der gewählten faktorenanalytischen Technik abbilden (vgl. Tietze, Schuster & Roßbach, 1997, S. 56f.). Für die Analyse der Faktorenstruktur der KES-R wurde pragmatisch eine Lösung mit vier Faktoren ausgewählt, die 45,2% der Gesamtvarianz erklärt. Im Folgenden sollen aber nur die ersten beiden Faktoren dargestellt werden, die 16,9% und 15,3% der Gesamtvarianz erklären, d.h. fast drei Viertel der durch die vier Faktoren erklärten Gesamtvarianz. Für die Interpretation werden nur die Merkmale mit einer Ladung von mindestens .50 auf dem jeweiligen Faktor betrachtet.

– Zum ersten Faktor gehören 10 Merkmale: 9. *Begrüßung und Verabschiedung*; 16. *Anregung zur Kommunikation*; 17. *Nutzung der Sprache zur Entwicklung kognitiver Fähigkeiten*; 18. *Allgemeiner Sprachgebrauch*; 29. *Beaufsichtigung/Begleitung/Anleitung bei grobmotorischen Aktivitäten*; 30. *Allgemeine Beaufsichtigung/Begleitung/Anleitung der Kinder*; 31. *Verhaltensregeln/Disziplin*; 32. *Erzieherin-Kind-Interaktion*; 33. *Kind-Kind-Interaktion*; 35. *Freispiel*.

– Zum zweiten Faktor gehören ebenfalls 10 Merkmale: 1. *Innenraum*; 4. *Raumgestaltung*; 15. *Bücher und Bilder*; 20. *Künstlerisches Gestalten*; 21. *Musik und Bewegung*; 22. *Bausteine*; 24. *Rollenspiel*; 26. *Mathematisches Verständnis*; 28. *Förderung von Toleranz und Akzeptanz von Verschiedenartigkeit/Individualität*; 34. *Tagesablauf*.

Die Merkmale der *ersten Qualitätsdimension* kommen aus den Bereichen „Betreuung und Pflege" (ein Merkmal), „Sprachliche und kognitive Anregungen" (drei Merkmale), „Interaktionen" (fünf Merkmale; das sind alle Merkmale dieses Bereichs) und „Strukturierung der pädagogischen Arbeit" (ein Merkmal). Alle Merkmale der ersten Qualitätsdimension sprechen Aspekte des Interaktionsverhaltens der Erzieherinnen und die Art und Weise an, wie sie direkt die kindliche Entwicklung fördern. Zunächst wird dieser Faktor bestimmt durch Merkmale, die unmittelbar die Gestaltung der Interaktionen der Erzieherinnen und der Kinder ansprechen, die Regeln des Umgangs miteinander thematisieren und die eine aktive, kindliches Spielverhalten fördernde Beaufsichtigung, Begleitung und Anleitung der Kinder durch die Erzieherinnen zum Inhalt haben (Merkmale 29, 30, 31, 32, 33). Die Bedeutung des Erzieherinnenverhaltens zeigt sich auch an den Merkmalen, die die Förderung von Sprache, Kommunikation und die Nutzung der Sprache zur Förderung der kognitiven Entwicklung zum Gegenstand haben (Merkmale 16, 17, 18). Auch wenn hier vereinzelt Aspekte des vorhandenen Materials angesprochen werden, so steht doch das unmittelbare Interaktionsverhalten der Erzieherinnen im Mittelpunkt. Dieses Interaktionsverhaltens zeigt sich auch an der Art und Weise, wie die *Begrüßung und Verabschiedung* der Kinder gestaltet (Merkmal 9) und wie das Potential des *Freispiels* genutzt (Merkmal 35) werden. Die erste Qualitätsdimension der KES-R spricht damit weitestgehend die gleichen Aspekte an wie die erste bei der KES gefundene Qualitätsdimension. Sie soll deshalb ebenso wie bei der KES mit „Pädagogische Interaktionen" bezeichnet werden.

Die Merkmale der *zweiten Qualitätsdimension* kommen aus den Bereichen „Platz und Ausstattung" (zwei Merkmale), „Sprachliche und kognitive Anregungen" (ein Merkmal), „Aktivitäten" (sechs Merkmale) und „Strukturierung der pädagogischen Arbeit" (ein Merkmal). Insgesamt ist diese Qualitätsdimension bestimmt durch die Merkmale, die Vorhandensein und Nutzung von Raum und Spielmaterialien indizieren. Dies trifft besonders auf die sechs Merkmale aus dem Bereich „Aktivitäten" zu (Merkmale 20, 21, 22, 24, 26, 28), die alle das Vorhandensein und die Vielfalt von Materialien *und* die Art und Weise betonen, wie mit den Materialien in pädagogischer Absicht umgegangen wird. Dies gilt gleichermaßen für das Merkmal *Bücher und Bilder* aus dem Bereich „Sprachliche und kognitive Anregungen" (Merkmal 15). Zwei Merkmale beziehen sich auf die allgemeinen Ressourcen des Innenraums (Merkmal 1) und seine Aufgliederung in verschiedene Erfahrungs- und Funktionsbereiche und deren Gestaltung (Merkmal 4). Eine angemessene Strukturierung des *Tagesablaufs* (Merkmal 34) ist offensichtlich erforderlich, um die räumlichen und materialen Ressourcen optimal zu nutzen. Auch die zweite Qualitätsdimension zeigt eine sehr hohe Vergleichbarkeit mit der zweiten bei der KES gefundenen Qualitätsdimension. Sie soll deshalb wie bei der KES mit „Räumlich-materiale Ressourcen" bezeichnet werden.

Die empirische Strukturierung der KES-R spiegelt nur zum Teil die inhaltlich bestimmte Aufteilung der Merkmale auf die sieben Bereiche wider. Die beiden Qualitätsdimensionen liegen teilweise quer zu diesen Bereichen und konzentrieren sich auf eher „bereichsübergreifende" Qualitätsaspekte im Hinblick auf die pädagogischen Interaktionen und das Vorhandensein und die Nutzung der räumlich-materialen Ressourcen. Beide Betrachtungsweisen - die nach einer Aufteilung in sieben inhaltliche Bereiche und die nach den beiden Stimulierungsdimensionen - sind wichtig, um die Qualität der Arbeit in einer Kindergartengruppe einzuschätzen und verbessern zu können und werden deshalb für praktische Anwendungen empfohlen.

Die aufgrund der Faktorenanalyse gebildeten additiven Skalen „Pädagogische Interaktionen" und „Räumlich-materiale Ressourcen" korrelieren mit .63 (gemeinsame Varianz von 40%; dies ist praktisch der gleiche Wert wie bei den beiden entsprechenden Qualitätsdimensionen bei der KES). Eine solche Korrelation überrascht nicht, denn in der Praxis dürfte z.B. eine Erzieherin, die die Kinder besonders gut über direkte Interaktionen fördern kann, in einem bestimmten Ausmaß dafür sorgen, dass die räumlich-materialen Ressourcen entsprechend gestaltet sind. Wie bei der KES wird deshalb davon ausgegangen, dass die beiden Qualitätsdimensionen von einem Faktor höherer Ordnung beeinflusst werden: von der Fähigkeit der Erzieherin, sowohl die eigenen Interaktionen mit den Kindern als auch die räumlich-materiale Umwelt so zu gestalten, dass die Kinder optimal gefördert werden können. Eine Korrelation von (nur) .63 zeigt aber auch, dass die beiden Dimensionen nicht identisch sind und auch eine getrennte Betrachtung sinnvoll ist.

7.4 Vergleich der Mittelwerte und Streuungen von KES und KES-R

Die bisherigen Ausführungen haben gezeigt, dass die Revision der KES-R zu einer mit der KES vergleichbaren messtechnischen Qualität geführt hat. Eine letzte Frage bezieht sich darauf, ob die Revision die Verteilung der Qualitätsmerkmale beeinflusst. Diese Frage soll auf der Ebene der Gesamtwerte und der beiden Qualitätsskalen verfolgt werden. Tabelle 2 enthält die entsprechenden Mittelwerte und Standardabweichungen für KES und KES-R.

Bei den Vergleichen zwischen KES und KES-R ist zu berücksichtigen, dass es sich hier um unterschiedliche Stichproben handelt. Die Ergebnisse für die KES wurden an einer bundesweit streuenden Stichprobe von 103 Kindergartengruppen verschiedenster Träger gewonnen, während die Ergebnisse bei der KES-R sich auf eine Stichprobe von 180 Gruppen aus zwei Bundesländern von nur zwei Trägern beziehen. Bei einer vergleichbaren Streuung zeigt sich auf der Ebene des Gesamtwertes, dass der Durchschnitt für die

Tabelle 2: **Mittelwerte und Standardabweichungen für KES und KES-R**

	KES			KES-R		
	Anzahl Merkmale	Mittelwert	Streuung	Anzahl Merkmale	Mittelwert	Streuung
Gesamtwert	29	4,51	0,71	39	4,06	0,84
Pädagogische Interaktionen	11	4,60	0,85	10	4,71	1,26
Räumlich-materiale Ressourcen	9	4,34	0,97	10	3,55	0,91

KES-R um etwa eine halbe Skalenstufe niedriger liegt als bei der KES. Hier mögen zwar die Unterschiede zwischen den beiden Stichproben eine Rolle spielen. Wir halten es aber für wahrscheinlicher, dass sich in diesem Unterschied der „strengere" Charakter der Formulierungen der Merkmale der KES-R und das eingesetzte System der Einzelaspekte zu den Merkmalen niederschlägt. An das Erreichen einer höheren Bewertungsstufe werden zwar nicht theoretisch höhere Ansprüche gestellt, wohl aber müssen alle Aspekte einer Bewertungsstufe explizit vorhanden sein, um den entsprechenden Wert zu vergeben. Eine Extrapolation aufgrund des generellen Eindrucks auf einer Bewertungsstufe ist für den Beobachter deshalb nicht mehr möglich, was tendenziell zu einer strengeren und realitätsangemesseneren Beurteilung führen dürfte. Dies trifft vermutlich häufiger für Merkmale zu, bei denen einfache, beobachtbare räumlich-materiale Aspekte eine Rolle spielen, als bei Merkmalen, die sich mehr auf das Interaktionsverhalten beziehen. Insofern überrascht nicht, dass die Mittelwerte bei Qualitätsdimension „Pädagogische Interaktionen" bei KES und KES-R etwa in der gleichen Größenordnung liegen (allerdings bei einer höheren Streuung bei der KES-R), während der Mittelwert für „Räumlich-materiale Ressourcen" stärker abfällt als bei der KES. Gleichwohl dürfte der Mittelwertunterschied zwischen „Pädagogische Interaktionen" und „Räumlich-materiale Ressourcen" auf einen realen Qualitätsunterschied zwischen diesen beiden Dimensionen hinweisen, was auch eine getrennte Auswertung dieser beiden Dimensionen nahe legt.

Der strengere Charakter der KES-R - auch wenn hier Unterschiede zwischen den beiden Stichproben nicht auszuschließen sind - zeigt sich auch, wenn die Verteilung der Gesamtwerte über die drei Qualitätsstufen (unzureichend, mittelmäßig, gut) betrachtet wird (vgl. Tabelle 3).

Tabelle 3: **Verteilung der Gesamtwerte über die drei Qualitätsstufen**

Qualitätsstufen	KES	KES-R
Unzureichende Qualität (< 3)	2 %	11 %
Mittelmäßige Qualität (3 bis < 5)	69 %	76 %
Gute Qualität (≥ 5)	29 %	13 %

Zusammenfassend kann festgehalten werden, dass die KES-R in technischer Hinsicht als ein erprobtes und abgesichertes Instrument betrachtet werden kann. Objektivität, Reliabilität und (faktorielle) Validität fallen zufriedenstellend aus. Im Hinblick auf diese Messeigenschaften zeigt sich eine weitgehende Vergleichbarkeit mit der Vorgängerversion des Instruments, der KES. Die Revision der KES hat zu einer etwas „strengeren" und realitätsangemesseneren Bewertung der verschiedenen Qualitätsaspekte geführt. Mit anderen Worten: Durch die Revision der KES wurde die bekannte Struktur des Messinstruments beibehalten und zugleich verbessert. Die technische Qualität der KES-R spricht für Anwendungsmöglichkeiten sowohl für praktische Zwecke als auch für Forschungsarbeiten. Es muss aber noch einmal darauf hingewiesen werden, dass für die gefundene gute technische Qualität des Instruments ein ausführliches Training der Beobachter erforderlich ist.

8. Literaturverzeichnis

Harms, T. & Clifford, R.M. (1980): *Early Childhood Environment Rating Scale.* New York: Teachers College Press.

Harms, T., Clifford, R.M. & Cryer, D. (1998): *Early Childhood Environment Rating Scale. Revised Edition.* New York: Teachers College Press.

Tietze, W., Meischner, T., Gänsfuß, R., Grenner, K., Schuster, K.-M., Völkel, P. & Roßbach, H.-G. (1998): *Wie gut sind unsere Kindergärten?* Untersuchungen zur pädagogischen Qualität in Kindertagesstätten. Neuwied: Luchterhand.

Tietze, W., Schuster, K.-M. & Roßbach, H.-G. (1997): *Kindergarten-Einschätzskala KES.* Deutsche Fassung der Early Childhood Environment Rating Scale von Thelma Harms/Richard M. Clifford. Neuwied: Luchterhand.

Tietze, W., Bolz, M., Grenner, K., Schlecht, D. & Wellner, B. (2005): *Krippen-Skala (KRIPS-R).* Berlin, Düsseldorf, Mannheim: Cornelsen Scriptor.

Tietze, W., Knobeloch, J. & Gerszonowicz, E. (2005): *Tagespflege-Skala (TAS).* Berlin, Düsseldorf, Mannheim: Cornelsen Scriptor.

Tietze, W., Roßbach, H.-G., Stendel, M. & Wellner, B. (2005): *Hort- und Ganztagsangebote-Skala (HUGS).* Berlin, Düsseldorf, Mannheim: Cornelsen Scriptor.

Tietze, W., Roßbach, H.-G. & Grenner, K. (2005): *Kinder von 4 bis 8 Jahren. Zur Qualität der Erziehung und Bildung in Kindergarten, Grundschule und Familie.* Berlin, Düsseldorf, Mannheim: Cornelsen Scriptor.

Bitte die Kästchen so **ankreuzen**, wenn die Aspekte des Merkmals gegeben sind oder nicht.	J ☒ ☒	N ☐ ☐

Bitte den Gesamtwert pro Merkmal **einkreisen**

1   2   ③   4   5   6   7   NA

KES-R Bewertungsbogen

Einrichtung: _____   Datum: _____

Gruppe/Einheit: _____   Beobachter/in: _____

Betreuungszeiten in der Gruppe/Einheit von _____ bis _____   Beginn der Beobachtung: _____

Anwesende Erzieher/innen in der Gruppe/Einheit: _____   Ende der Beobachtung: _____

Anzahl <u>angemeldeter</u> Kinder: _____   Alter des jüngsten Kindes: ___ Jahre ___ Monate   Beginn des Interviews: _____

Anzahl <u>anwesender</u> Kinder(Gruppe/Einheit): _____   Alter des ältesten Kindes: ___ Jahre ___ Monate   Ende des Interviews: _____

Anzahl der Kinder in der Gruppe, bei denen medizinisch eine Behinderung festgestellt wurde: _____

Behinderungsformen in der Integrationsgruppe:

Körperbehinderung: _____   Geistige Behinderung: _____

Hörbehinderung: _____   Sprachbehinderung: _____

Sehbehinderung: _____   Seelische Behinderung: _____

Allgemeine Entwicklungsverzögerung: _____   Andere, welche: _____

Größe der Räume (außer Sanitärräume), die ausschließlich von der Gruppe/Einheit genutzt werden in qm: _____

(Bitte Räume nennen): _____

Größe des Außengeländes in qm: _____

Platz für Anmerkungen:

J = Ja, diese Beschreibung trifft zu   N = Nein, diese Beschreibung trifft nicht zu   NA – Nicht anwendbar in der Beobachtungsgruppe

Bewertung	Anmerkungen
1. Innenraum 1 2 3 4 5 6 7	1.1: Anzahl der angemeldeten Kinder: ——— 1.1: Größe des Raumes bzw. der Räume: ———
J N J N NA J N J N 1.1 □□ 3.1 □□ 5.1 □□ 7.1 □□ 1.2 □□ 3.2 □□ 5.2 □□ 7.2 □□ 1.3 □□ 3.3 □□□ 5.3 □□ 1.4 □□ 3.4 □□□ 3.5 □□□	
2. Mobiliar für Pflege, Spiel und Lernen 1 2 3 4 5 6 7	
J N J N NA J N NA J N 1.1 □□ 3.1 □□ 5.1 □□ 7.1 □□ 1.2 □□ 3.2 □□□ 5.2 □□ 7.2 □□ 3.3 □□□ 5.3 □□□	
3. Ausstattung für Entspannung und Behaglichkeit 1 2 3 4 5 6 7	
J N J N J N J N 1.1 □□ 3.1 □□ 5.1 □□ 7.1 □□ 1.2 □□ 3.2 □□ 5.2 □□ 7.2 □□ 5.3 □□	
4. Raumgestaltung 1 2 3 4 5 6 7	7.3: Gibt es zusätzliche Materialien zur Erweiterung der Funktionsbereiche/-räume? Funktionsbereiche/-räume:

J N   J N   J N NA   J N
 1.1 □□   3.1 □□   5.1 □□   7.1 □□
 1.2 □□   3.2 □□   5.2 □□   7.2 □□
      3.3 □□   5.3 □□   7.3 □?
      3.4 □□□	

5.	**Rückzugsmöglichkeiten**			**1 2 3 4 5 6 7**				**7.2:** Planen Sie neben den allgemeinen Gruppenaktivitäten auch Aktivitäten für ein oder zwei Kinder? Wenn ja, nennen Sie bitte Beispiele.

	J N		J N		J N		J N
1.1	☐ ☐	3.1	☐ ☐	5.1	☐ ☐	7.1	☐ ☐
		3.2	☐ ☐	5.2	☐ ☐	7.2	☐ ☐?

6.	**Kindbezogene Ausgestaltung**			**1 2 3 4 5 6 7**				**5.1:** Beziehen sich die ausgestellten Dinge auf ein Thema, das innerhalb des letzten Monats in der Gruppe von Interesse war?

	J N		J N		J N		J N
1.1	☐ ☐	3.1	☐ ☐	5.1	☐ ☐?	7.1	☐ ☐
1.2	☐ ☐	3.2	☐ ☐	5.2	☐ ☐	7.2	☐ ☐
				5.3	☐ ☐		

7.	**Platz für Grobmotorik**			**1 2 3 4 5 6 7**				**5.1:** Gibt es im Innenbereich Platz, den Sie bei schlechtem Wetter für grobmotorische Aktivitäten nutzen?

	J N		J N		J N		J N
1.1	☐ ☐	3.1	☐ ☐	5.1	☐ ☐?	7.1	☐ ☐
1.2	☐ ☐	3.2	☐ ☐	5.2	☐ ☐	7.2	☐ ☐
				5.3	☐ ☐	7.3	☐ ☐

Sicherheitsmängel

draußen

drinnen

8.	**Ausstattung für Grobmotorik**			**1 2 3 4 5 6 7**			

	J N		J N		J N NA		J N
1.1	☐ ☐	3.1	☐ ☐	5.1	☐ ☐	7.1	☐ ☐
1.2	☐ ☐	3.2	☐ ☐	5.2	☐ ☐	7.2	☐ ☐
1.3	☐ ☐	3.3	☐ ☐	5.3	☐ ☐ ☐		

Gesamtanzahl der Kinder der Einrichtung: _____

5.2: Mögliche Bewegungsformen:

7.1: Ausstattungselemente:

Fest installiert

beweglich

J = Ja, diese Beschreibung trifft zu   N = Nein, diese Beschreibung trifft nicht zu   NA = Nicht anwendbar in der Beobachtungsgruppe

J = Ja, diese Beschreibung trifft zu   N = Nein, diese Beschreibung trifft nicht zu   NA = Nicht anwendbar in der Beobachtungsgruppe

9. Begrüßung und Verabschiedung

1 2 3 4 5 6 7

Können Sie mir den täglichen Ablauf beim Bringen und Abholen der Kinder beschreiben?

J N NA	J N NA	J N	J N
1.1 □ □ □	3.1 □ □ □	5.1 □ □	7.1 □ □
1.2 □ □ □	3.2 □ □ □	5.2 □ □	7.2 □ □
1.3 □ □ □	3.3 □ □ □	5.3 □ □	7.3 □ □

10. Mahlzeiten und Zwischenmahlzeiten

1 2 3 4 5 6 7

1.5, 3.5, 5.4: Was tun Sie, wenn ein Kind allergisch gegen bestimmte Lebensmittel ist oder in der Familie bestimmte Ernährungsvorschriften bestehen?

J N NA	J N NA	J N	J N
1.1 □ □	3.1 □ □	5.1 □ □	7.1 □ □
1.2 □ □	3.2 □ □	5.2 □ □	7.2 □ □
1.3 □ □	3.3 □ □	5.3 □ □	7.3 □ □
1.4 □ □	3.4 □ □	5.4 □?	
1.5 □ □ □?	3.5 □? 3.5 □?		
	3.6 □ □ □		

11. Ruhe- und Schlafzeiten

1 2 3 4 5 6 7 NA

Beschreiben Sie bitte, wie die Schlafens- oder Ruhezeit in der Regel abläuft.

3.3: Wie werden die Kinder in dieser Zeit beaufsichtigt?

3.4, 7.2: Was tun Sie, wenn Kinder vor der Schlafenszeit müde sind, nicht zur Ruhe kommen oder früher aufwachen?

J N	J N	J N	J N
1.1 □ □	3.1 □ □	5.1 □ □	7.1 □ □
1.2 □ □	3.2 □ □	5.2 □ □	7.2 □ □?
1.3 □ □	3.3 □ □?		
1.4 □ □	3.4 □ □?		

12. Toiletten

1 2 3 4 5 6 7

J N	J N	J N	J N
1.1 □ □	3.1 □ □	5.1 □ □	7.1 □ □
1.2 □ □	3.2 □ □	5.2 □ □	7.2 □ □
1.3 □ □	3.3 □ □	5.3 □ □	
1.4 □ □	3.4 □ □		
	3.5 □ □		

13. Maßnahmen zur Gesundheitsvorsorge   **1 2 3 4 5 6 7**

	J	N			J	N			J	N			J	N	NA
1.1	☐	☐		3.1	☐	☐		5.1	☐	☐		7.1	☐	☐	
1.2	☐	☐		3.2	☐	☐		5.2	☐	☐		7.2	☐	☐	☐?
				3.3	☐	☐		5.3	☐	☐					
				3.4	☐	☐?									

3.4: Wie vergewissern Sie sich, ob die Kinder die nötigen Impfungen haben? Haben Sie Vorschriften für den Ausschluss von Kindern mit ansteckenden Krankheiten? Bitte beschreiben Sie, wie Sie vorgehen.
7.2: Putzen sich die Kinder die Zähne? Wie wird das gehandhabt? (Fragen Sie, ob Sie die Zahnbürsten sehen können).

---

14. Sicherheit   **1 2 3 4 5 6 7**

	J	N			J	N			J	N			J	N
1.1	☐	☐		3.1	☐	☐		5.1	☐	☐		7.1	☐	☐
1.2	☐	☐		3.2	☐	☐		5.2	☐	☐?		7.2	☐	☐
1.3	☐	☐		3.3	☐	☐								

5.2: Sprechen Sie mit den Kindern über Sicherheit? Über welche Dinge sprechen Sie?

Sicherheitsmängel

draußen

drinnen

---

15. Bücher und Bilder   **1 2 3 4 5 6 7**

	J	N			J	N			J	N			J	N
1.1	☐	☐		3.1	☐	☐		5.1	☐	☐		7.1	☐	☐?
1.2	☐	☐		3.2	☐	☐		5.2	☐	☐		7.2	☐	☐?
								5.3	☐	☐				
								5.4	☐	☐				
								5.5	☐	☐				

7.1: Gibt es weitere Bücher, die Sie mit den Kindern nutzen? Wie gehen Sie dabei vor?
7.2: Wie wählen Sie Bücher aus?

---

16. Anregung zur Kommunikation   **1 2 3 4 5 6 7**

	J	N			J	N			J	N			J	N
1.1	☐	☐		3.1	☐	☐		5.1	☐	☐		7.1	☐	☐
1.2	☐	☐		3.2	☐	☐		5.2	☐	☐		7.2	☐	☐?
				3.3	☐	☐								

7.2: Was machen Sie, damit Kinder erleben, dass das, was sie sagen, auch aufgeschrieben werden kann? Bitte geben Sie einige Beispiele.

5.1: Anregungen zur Kommunikation

im Freispiel

bei Gruppenaktivitäten

J = Ja, diese Beschreibung trifft zu   N = Nein, diese Beschreibung trifft nicht zu   NA = Nicht anwendbar in der Beobachtungsgruppe

J = Ja, diese Beschreibung trifft zu   N = Nein, diese Beschreibung trifft nicht zu   NA = Nicht anwendbar in der Beobachtungsgruppe

17. Nutzung der Sprache zur Entwicklung kognitiver Fähigkeiten

1 2 3 4 5 6 7

J N	J N	J N	J N
1.1 ☐ ☐	3.1 ☐ ☐	5.1 ☐ ☐	7.1 ☐ ☐
1.2 ☐ ☐	3.2 ☐ ☐	5.2 ☐ ☐	7.2 ☐ ☐

18. Allgemeiner Sprachgebrauch

1 2 3 4 5 6 7

J N	J N	J N	J N
1.1 ☐ ☐	3.1 ☐ ☐	5.1 ☐ ☐	7.1 ☐ ☐
1.2 ☐ ☐	3.2 ☐ ☐	5.2 ☐ ☐	7.2 ☐ ☐
1.3 ☐ ☐		5.3 ☐ ☐	
		5.4 ☐ ☐	

19. Feinmotorische Aktivitäten

1 2 3 4 5 6 7

5.1: Wann sind die unterschiedlichen Materialien für feinmotorische Aktivitäten den Kindern zugänglich?

7.1: Benutzen Sie auch andere feinmotorische Materialien mit den Kindern? Wie wird das gehandhabt?
5.1: Materialien:

J N	J N	J N	J N
1.1 ☐ ☐	3.1 ☐ ☐	5.1 ☐ ☐?	7.1 ☐ ☐?
1.2 ☐ ☐	3.2 ☐ ☐	5.2 ☐ ☐	7.2 ☐ ☐
		5.3 ☐ ☐	

20. Künstlerisches Gestalten

1 2 3 4 5 6 7

7.1: Werden Materialien für dreidimensionales Gestalten wie Ton oder Holz genutzt? Wenn ja, wie oft?

7.2: Wie wählen Sie die künstlerischen Aktivitäten aus, die Sie den Kindern anbieten?

7.3: Bieten Sie den Kindern künstlerische Aktivitäten an, an denen sie über mehrere Tage hinweg arbeiten können? Bitte beschreiben Sie einige Beispiele.
5.1: Materialien:

J N	J N	J N	J N
1.1 ☐ ☐	3.1 ☐ ☐	5.1 ☐ ☐	7.1 ☐ ☐?
1.2 ☐ ☐	3.2 ☐ ☐	5.2 ☐ ☐	7.2 ☐ ☐?
			7.3 ☐ ☐?

21. Musik und Bewegung

1 2 3 4 5 6 7

3.2: Wie oft führen Sie mit den Kindern musikalische Aktivitäten durch?

3.3: Gibt es Tanz- oder Bewegungsaktivitäten? Wie oft?

5.2: Welche Arten von Musik hören Sie mit den Kindern?

7.2: Gibt es besondere musikalische Aktivitäten?

7.3: Haben die Kinder die Möglichkeit, musikalische Aktivitäten nach ihren eigenen Vorstellungen zu gestalten?
5.1: Materialien:

J N	J N	J N	J N
1.1 ☐ ☐	3.1 ☐ ☐	5.1 ☐ ☐	7.1 ☐ ☐
1.2 ☐ ☐	3.2 ☐ ☐?	5.2 ☐ ☐	7.2 ☐ ☐?
	3.3 ☐ ☐?		7.3 ☐ ☐?

22. Bausteine

| 1 2 3 4 5 6 7 |

	J N		J N		J N		J N
1.1	☐ ☐	3.1	☐ ☐	5.1	☐ ☐	7.1	☐ ☐
		3.2	☐ ☐	5.2	☐ ☐	7.2	☐ ☐
		3.3	☐ ☐?	5.3	☐ ☐	7.3	☐ ☐?
				5.4	☐ ☐		

3.3: Wie oft sind Bauspiele möglich? Wie lange stehen die Bausteine den Kindern zur Verfügung?
7.3: Spielen die Kinder im Außenbereich mit Bausteinen?

23. Sand/Wasser

| 1 2 3 4 5 6 7 |

	J N		J N		J N		J N
1.1	☐ ☐	3.1	☐ ☐?	5.1	☐ ☐	7.1	☐ ☐
1.2	☐ ☐	3.2	☐ ☐?	5.2	☐ ☐	7.2	☐ ☐?
				5.3	☐ ☐		

3.1: Gibt es Sand- oder Wasserspiele mit den Kindern der Gruppe? Wie unterstützen Sie diese? Wie oft? Wo sind Sand/Wasser zugänglich?
3.2: Gibt es Spielzeuge, die die Kinder beim Spiel mit Sand oder Wasser nutzen? Beschreiben Sie diese Dinge bitte.
7.2: Bieten Sie wechselnde Aktivitäten mit Sand und Wasser an?

24. Rollenspiel

| 1 2 3 4 5 6 7 |

	J N		J N		J N		J N
1.1	☐ ☐	3.1	☐ ☐	5.1	☐ ☐	7.1	☐ ☐?
		3.2	☐ ☐	5.2	☐ ☐	7.2	☐ ☐
		3.3	☐ ☐	5.3	☐ ☐	7.3	☐ ☐?
				5.4	☐ ☐	7.4	☐ ☐?

7.1: Gibt es andere Materialien für Rollenspiele, die die Kinder nutzen können? Bitte beschreiben Sie diese Gegenstände.
7.3: Werden Materialien für Rollenspiele auch im Außenbereich oder in einem größeren Raum im Innenbereich genutzt?
7.4: Tun Sie etwas, um das Rollenspiel der Kinder mit neuen Ideen zu erweitern?

5.1: Materialien:

25. Naturerfahrungen/Sachwissen

| 1 2 3 4 5 6 7 |

	J N		J N		J N		J N
1.1	☐ ☐	3.1	☐ ☐	5.1	☐ ☐	7.1	☐ ☐?
1.2	☐ ☐	3.2	☐ ☐	5.2	☐ ☐	7.2	☐ ☐?
		3.3	☐ ☐?	5.3	☐ ☐	7.3	☐ ☐?
		3.4	☐ ☐?	5.4	☐ ☐		
				5.5	☐ ☐?		

3.3: Bringen die Kinder Dinge aus der Natur und Sachgegenstände mit? Wie gehen Sie damit um?
3.4, 5.5, 7.3: Besuchen Sie mit den Kindern Orte oder Personen außerhalb der Einrichtung? Wie oft besuchen Sie Orte/Personen außerhalb der Einrichtung? Wie bereiten Sie diese Besuche vor? Welchen Stellenwert haben diese Besuche im Gruppengeschehen?
7.1: Können Sie mir einige Beispiele für Aktivitäten aus dem Themenbereich Naturerfahrungen/Sachwissen nennen, die Sie mit den Kindern unternehmen, zusätzlich zu denen, die ich gesehen habe? Wie oft finden diese Aktivitäten statt?
7.2: Nutzen Sie Bücher oder andere Medien zum Themenbereich Naturerfahrungen/Sachwissen mit den Kindern? Bitte beschreiben Sie diese.

5.1: Materialien:

J = Ja, diese Beschreibung trifft zu   N = Nein, diese Beschreibung trifft nicht zu   NA = Nicht anwendbar in der Beobachtungsgruppe

J = Ja, diese Beschreibung trifft zu   N = Nein, diese Beschreibung trifft nicht zu   NA = Nicht anwendbar in der Beobachtungsgruppe

26. Mathematisches Verständnis

1 2 3 4 5 6 7

7.1: Können Sie mir einige Beispiele für mathematische Aktivitäten mit den Kindern nennen, zusätzlich zu denen, die ich gesehen habe?

7.2: Gibt es noch andere Materialien zum Rechnen und Zählen, die Sie mit den Kindern nutzen? In welcher Weise werden sie genutzt?

5.1: Materialien:

J N	J N	J N	J N
1.1 □ □	3.1 □ □	5.1 □ □	7.1 □ □ ?
1.2 □ □	3.2 □ □	5.2 □ □	7.2 □ □ ?
		5.3 □ □	
		5.4 □ □	

27. Nutzung von Fernsehen, Video und/oder der Computer

Werden Fernseher, Video oder Computer mit den Kindern genutzt? Wie werden sie genutzt?

1 2 3 4 5 6 7 NA

(Zutreffendes bitte unterstreichen)

1.2: Stehen den Kindern andere Aktivitäten zur Verfügung, während Fernsehen oder Video genutzt werden?
Wie wählen Sie die Programme und Inhalte aus, die mit den Kindern genutzt werden?

3.3: Wie oft und wie lange werden Fernseher, Video oder Computer mit den Kindern genutzt?

5.3: Regen einige dieser Programme/Inhalte die aktive Einbeziehung der Kinder an? Bitte nennen Sie einige Beispiele.

7.2: Nutzen Sie Fernseher, Video oder Computer in Bezug auf bestimmte Themen in der Gruppe? In welcher Weise?

J N	J N NA	J N NA	J N
1.1 ? □ □	3.1 ? □ □	5.1 ? □ □	7.1 □ □ ?
1.2 ? □ □	3.2 □ □	5.2 □ □	7.2 □ □
	3.3 □ □ ?	5.3 □ □ ?	
		5.4 □ □	

28. Förderung von Toleranz und Akzeptanz von Verschiedenartigkeit/Individualität

1 2 3 4 5 6 7

3.1: Können Sie mir Beispiele nennen, welche Arten von Musik Sie mit den Kindern hören?

7.2: Gibt es Aktivitäten, die den Kindern dabei helfen, Verständnis für die Verschiedenartigkeit von Menschen in unserem Land und auf der Welt zu entwickeln? Bitte nennen Sie Beispiele.

J N	J N	J N	J N
1.1 □ □ ?	3.1 □ □	5.1 □ □	7.1 □ □
1.2 □ □	3.2 □ □	5.2 □ □	7.2 □ □ ?
1.3 □ □	3.3 □ □		

Materialien	
Ethnien	
Kulturen	
Altersgruppen	
Fähigkeiten	
Geschlecht	

29. Beaufsichtigung/Begleitung/Anleitung bei grobmotorischen Aktivitäten

1 2 3 4 5 6 7

Können Sie beschreiben, wie die Kinder während grobmotorischer Aktivitäten und dem Spiel im Freien beaufsichtigt werden?

5.3: Was passiert, wenn Kinder Schwierigkeiten haben, ein Gerät zu nutzen?

J N	J N	J N	J N
1.1 □ □	3.1 □ □	5.1 □ □	7.1 □ □
1.2 □ □	3.2 □ □	5.2 □ □	7.2 □ □
		5.3 □ □	7.3 □ □ ?

30. Allgemeine Beaufsichtigung/Begleitung/ Anleitung der Kinder (außer bei grobmotorischen Aktivitäten)

	1 2 3 4 5 6 7

	J N		J N		J N		J N
1.1	☐ ☐	3.1	☐ ☐	5.1	☐ ☐	7.1	☐ ☐
1.2	☐ ☐	3.2	☐ ☐	5.2	☐ ☐	7.2	☐ ☐
		3.3	☐ ☐	5.3	☐ ☐		
				5.4	☐ ☐		

31. Verhaltensregeln/Disziplin

	1 2 3 4 5 6 7

	J N		J N		J N		J N
1.1	☐ ☐	3.1	☐ ☐	5.1	☐ ☐	7.1	☐ ☐
1.2	☐ ☐	3.2	☐ ☐	5.2	☐ ☐	7.2	☐ ☐?
1.3	☐ ☐	3.3	☐ ☐	5.3	☐ ☐	7.3	☐ ☐?

7.2: Welche Aktivitäten nutzen Sie, um Kinder zu unterstützen, mit sozialen Situationen umzugehen?
7.3: Was tun Sie, wenn Sie ein Kind mit sehr schwierigen Verhaltensproblemen in einer Gruppe haben?

32. Erzieher-Kind-Interaktion

	1 2 3 4 5 6 7

	J N		J N		J N		J N
1.1	☐ ☐	3.1	☐ ☐	5.1	☐ ☐	7.1	☐ ☐
1.2	☐ ☐	3.2	☐ ☐	5.2	☐ ☐	7.2	☐ ☐
1.3	☐ ☐			5.3	☐ ☐		

33. Kind-Kind-Interaktion

	1 2 3 4 5 6 7

	J N		J N		J N		J N
1.1	☐ ☐	3.1	☐ ☐	5.1	☐ ☐	7.1	☐ ☐
1.2	☐ ☐	3.2	☐ ☐	5.2	☐ ☐	7.2	☐ ☐?
1.3	☐ ☐	3.3	☐ ☐				

7.2: Gibt es Aktivitäten, die Sie nutzen, um die Kinder zum gemeinsamen Arbeiten anzuregen? Können Sie mir einige Beispiele nennen?

J = Ja, diese Beschreibung trifft zu   N = Nein, diese Beschreibung trifft nicht zu   NA = Nicht anwendbar in der Beobachtungsgruppe

J = Ja, diese Beschreibung trifft zu   N = Nein, diese Beschreibung trifft nicht zu   NA = Nicht anwendbar in der Beobachtungsgruppe

34. Tagesablauf — 1 2 3 4 5 6 7

	J	N		J	N		J	N		J	N
1.1	□	□	3.1	□	□	5.1	□	□	7.1	□	□
			3.2	□	□	5.2	□	□	7.2	□	□
			3.3	□	□	5.3	□	□			
			3.4	□	□	5.4	□	□			

35. Freispiel — 1 2 3 4 5 6 7

Können Sie einige Möglichkeiten beschreiben, die die Kinder für das Freispiel haben? Wann und wo finden diese statt? Womit können die Kinder spielen?

	J	N		J	N		J	N		J	N
1.1	□	□	3.1	□	□	5.1	□	□	7.1	□	□
1.2	□	□	3.2	□	□	5.2	□	□	7.2	□	□
			3.3	□	□	5.3	□	□			

36. Gruppenstruktur — 1 2 3 4 5 6 7

	J	N		J	N		J	N		J	N
1.1	□	□	3.1	□	□	5.1	□	□	7.1	□	□
1.2	□	□	3.2	□	□	5.2	□	□	7.2	□	□
			3.3	□	□	5.3	□	□	7.3	□	□

37. Vorkehrungen für Kinder mit Behinderungen — 1 2 3 4 5 6 7 NA

Können Sie beschreiben, wie Sie versuchen, den Bedürfnissen der behinderten Kinder Ihrer Gruppe gerecht zu werden?

1.1, 3.1: Haben Sie Informationen aus Gutachten über diese Kinder? Wie nutzen Sie diese?

1.2, 3.2, 5.2: Ist es notwendig, etwas zu tun, um die besonderen Bedürfnisse dieser Kinder zu berücksichtigen? Bitte beschreiben Sie, was Sie tun.

1.3, 3.3, 5.3: Sind Sie und die Eltern der behinderten Kinder beteiligt, wenn es um Entscheidungen geht, wie die Bedürfnisse der Kinder erfüllt werden können? Bitte beschreiben Sie dies.

5.1, 7.1: Wie werden Fördermaßnahmen/Therapien durchgeführt?

7.3: Werden Sie bei Einschätzungen oder der Entwicklung von Fördermaßnahmen eines behinderten Kindes einbezogen? Welche Rolle spielen Sie dabei?

	J	N			J	N			J	N			J	N	
1.1	□	□	?	3.1	□	□	?	5.1	□	□	?	7.1	□	□	?
1.2	□	□	?	3.2	□	□	?	5.2	□	□	?	7.2	□	□	
1.3	□	□	?	3.3	□	□	?	5.3	□	□	?	7.3	□	□	
1.4	□	□		3.4	□	□									

38. Elternarbeit

1 2 3 4 5 6 7

	J N		J N		J N		J N
1.1	☐ ☐?	3.1	☐ ☐?	5.1	☐ ☐?	7.1	☐ ☐?
1.2	☐ ☐?	3.2	☐ ☐?	5.2	☐ ☐	7.2	☐ ☐?
		3.3	☐ ☐?	5.3	☐ ☐?	7.3	☐ ☐?
		3.4	☐ ☐?	5.4	☐ ☐?		

1.1, 3.1: Gibt es schriftliche Informationen über die Einrichtung für die Eltern? Was enthalten diese Informationen?
1.2, 3.3, 5.4: Gibt es für Eltern Möglichkeiten zur Teilnahme am Gruppengeschehen? Bitte geben Sie einige Beispiele.
3.2, 5.3: Tauschen Sie mit den Eltern Informationen über die Kinder aus? Wie tun Sie das?
3.4: Wie ist Ihr allgemeines Verhältnis zu den Eltern?
5.1: Haben die Eltern die Möglichkeit, die Gruppe vor Aufnahme ihres Kindes zu besuchen? Wie wird das gehandhabt?
7.1: Sind die Eltern an der Bewertung der pädagogischen Arbeit beteiligt? In welcher Art und Weise? Wie oft findet das statt?
7.2: Was tun Sie, wenn Eltern Probleme haben? Verweisen Sie die Eltern an Fachleute?
7.3: Werden Eltern in Entscheidungen, die die Einrichtung betreffen, einbezogen? Wie wird das gehandhabt?

39. Berücksichtigung persönlicher Bedürfnisse der Erzieherinnen

1 2 3 4 5 6 7

	J N		J N NA		J N NA		J N
1.1	☐ ☐	3.1	☐ ☐	5.1	☐ ☐	7.1	☐ ☐
1.2	☐ ☐?	3.2	☐ ☐	5.2	☐ ☐	7.2	☐ ☐
		3.3	☐ ☐?	5.3	☐ ☐ ☐	7.3	☐ ☐
		3.4	☐ ☐ ☐ ?	5.4	☐ ☐		
		?					
		3.5	☐ ☐ ☐				

1.2, 3.4, 5.3: Gibt es tagsüber Zeiten, in denen Sie keine Verantwortung für die Kinder haben? Wann ist das?
3.3: Wo bewahren Sie gewöhnlich Ihre persönlichen Dinge wie Mantel oder Handtasche auf? Funktioniert das gut?

40. Berücksichtigung fachlicher Bedürfnisse der Erzieherinnen

1 2 3 4 5 6 7

	J N		J N		J N		J N
1.1	☐ ☐?	3.1	☐ ☐?	5.1	☐ ☐?	7.1	☐ ☐?
1.2	☐ ☐?	3.2	☐ ☐?	5.2	☐ ☐?	7.2	☐ ☐?
1.3	☐ ☐?	3.3	☐ ☐?	5.3	☐ ☐?		

1.1, 3.1: Haben Sie Zugang zum Telefon? Wo ist es?
1.2, 3.2, 5.1: Haben Sie Aufbewahrungsmöglichkeiten für Unterlagen bzw. Materialien? Bitte beschreiben Sie mir diese.
1.3, 3.3, 5.3, 7.2: Gibt es räumliche Möglichkeiten, die Sie während der Anwesenheit der Kinder für Elternberatungen, Dienstbesprechungen oder für andere Treffen von Erwachsenen nutzen können? Bitte beschreiben Sie mir diese.
5.2, 7.1: Gibt es in Ihrer Einrichtung ein Büro? Bitte beschreiben Sie es.

J = Ja, diese Beschreibung trifft zu   N = Nein, diese Beschreibung trifft nicht zu   NA = Nicht anwendbar in der Beobachtungsgruppe

J = Ja, diese Beschreibung trifft zu   N = Nein, diese Beschreibung trifft nicht zu   NA = Nicht anwendbar in der Beobachtungsgruppe

41. Interaktion und Kooperation der Erzieherinnen

1 2 3 4 5 6 7 NA

1.1, 3.1, 5.1: Haben Sie Möglichkeiten, Informationen über die Kinder mit den anderen Erzieherinnen, die in Ihrer Gruppe arbeiten, auszutauschen? Wann und wie oft geschieht das? Worüber tauschen Sie sich aus?

J N   J N   J N   J N

7.1: Haben Sie zusammen mit den anderen Erzieherinnen Ihrer Gruppe Zeit zur Planung und Reflexion? Wie oft ungefähr?

7.2: Wie teilen Sie Aufgaben untereinander auf?

7.3: Werden von der Einrichtung Veranstaltungen organisiert, an denen Sie und die anderen Erzieherinnen zusammen teilnehmen können? Können Sie einige Beispiele nennen?

1.1 □ ?□	3.1 □ ?□	5.1 □ ?□	7.1 □ ?□
1.2 □ ?□	3.2 □ ?□	5.2 □	7.2 □ ?□
1.3 □	3.3 □	5.3 □	7.3 □ ?□

42. Fachliche Unterstützung und Evaluation der Erzieherinnen

1 2 3 4 5 6 7

1.1, 3.1, 5.1, 5.2: Erhalten Sie fachliche Unterstützung für Ihre Arbeit, z.B. in Form von fachlicher Beratung?

J N NA   J N NA   J N NA   J N NA

1.2, 3.2, 5.2, 7.3: Erhalten Sie in irgendeiner Weise eine Rückmeldung über Ihre Arbeit? Wie wird das gehandhabt? Wie oft?

5.4: Wenn Verbesserungen notwendig werden, wie wird das gehandhabt?

7.1: Beteiligen Sie sich durch Selbsteinschätzung?

1.1 □ ?□	3.1 □ ?□	5.1 □ ?□	7.1 □ ?□
1.2 □ ?□	3.2 □ ?□	5.2 □ ?□	7.2 □
1.3 □ □ □	3.3 □ □ □	5.3 □ □ □	7.3 □ ?□
		5.4 ?□ □	7.4 □ □ □
		5.5 □ □ □	

43. Fortbildungsmöglichkeiten

1 2 3 4 5 6 7

1.1, 1.3, 3.1, 5.1, 5.3: Gibt es Fortbildungsmöglichkeiten für die Mitarbeiterinnen? Bitte beschreiben Sie diese. Wie geht man mit neuen Mitarbeiterinnen um?

J N   J N   J N   J N

1.2, 3.2, 5.2: Gibt es Dienstbesprechungen? Wie oft finden diese statt? Worum geht es in der Regel in den Dienstbesprechungen?

5.4, 7.2: Gibt es in der Einrichtung Informationsmaterialien, die zu neuen Ideen anregen? Was enthalten sie?

7.1: Gibt es Unterstützung zur Teilnahme an Konferenzen oder Kursen? Bitte erläutern Sie, wie diese Unterstützung aussieht.

1.1 □ ?□	3.1 □ ?□	5.1 □ ?□	7.1 □ ?□
1.2 □ ?□	3.2 □ ?□	5.2 □ ?□	7.2 □ ?□
1.3 □ ?□	3.3 □ ?□	5.3 □ ?□	
		5.4 □ ?□	

KES-R Auswertungsblatt

I.	**Platz und Ausstattung**	Wert
1.	Innenraum	.... r
2.	Mobiliar für Pflege, Spiel und Lernen	....
3.	Ausstattung für Entspannung und Behaglich-keit	....
4.	Raumgestaltung	.... r
5.	Rückzugsmöglichkeiten	....
6.	Kindbezogene Ausgestaltung	....
7.	Platz für Grobmotorik	....
8.	Ausstattung für Grobmotorik	....
	Summe	....
	Mittelwert (Summe/8)	....

II.	**Betreuung und Pflege der Kinder**	
9.	Begrüßung und Verabschiedung	 i
10.	Mahlzeiten und Zwischenmahlzeiten	....
11.	Ruhe- und Schlafzeiten	....
12.	Toiletten	....
13.	Maßnahmen zur Gesundheitsvorsorge	....
14.	Sicherheit	....
	Summe	....
	Mittelwert (Summe/6)	....

III.	**Sprachliche und kognitive Anregun-gen**	.... r
15.	Bücher und Bilder	 i
16.		
17.	Anregung zur Kommunikation	 i
18.	Nutzung der Sprache zur Entwicklung kogni-tiver Fähigkeiten	 i
	Allgemeiner Sprachgebrauch	....
	Summe	....
	Mittelwert (Summe/4)	

IV.	**Aktivitäten**	Wert
19.	Feinmotorische Aktivitäten	....
20.	Künstlerisches Gestalten	.... r
21.	Musik und Bewegung	.... r
22.	Bausteine	.... r
23.	Sand/Wasser	....
24.	Rollenspiel	.... r
25.	Naturerfahrungen/Sachwissen	....
26.	Mathematisches Verständnis	.... r
27.	Nutzung von Fernsehen, Video und/oder Computer	....
28.	Förderung von Toleranz und Akzeptanz von Verschiedenartigkeit/Individualität	.... r
	Summe	....
	Mittelwert (Summe/10)	....

V.	**Interaktionen**	
29.	Beaufsichtigung/Begleitung/Anleitung bei grobmotorischen Aktivitäten	 i
30.	Allgemeine Beaufsichtigung/Begleitung/Anleitung der Kinder (außer bei grobmotorischen Aktivitäten)	 i
31.	Verhaltensregeln/Disziplin	 i
32.	Erzieher-Kind-Interaktion	 i
33.	Kind-Kind-Interaktion	 i
	Summe	....
	Mittelwert (Summe/5)	....

VI.	**Strukturierung der pädagogischen Arbeit**	Wert
34.	Tagesablauf	.... r
35.	Freispiel	 i
36.	Gruppenstruktur	....
37.	Vorkehrungen für Kinder mit Behinderungen	....
	Summe	....
	Mittelwert (Summe/4)	....

VII.	**Eltern und Erzieherinnen**	
38.	Elternarbeit	....
39.	Berücksichtigung persönlicher Bedürfnisse der Erzieherinnen	....
40.	Berücksichtigung fachlicher Bedürfnisse der Erzieherinnen	....
41.	Interaktion und Kooperation der Erzieherinnen	....
42.	Fachliche Unterstützung und Evaluation der Erzieherinnen	....
43.	Fortbildungsmöglichkeiten	....
	Summe	....
	Mittelwert (Summe/6)	....

KES-R-Gesamt

	Summe	....
	Mittelwert (Summe/43)	....

Pädagogische Interaktion

	Summe (Merkmale **i**)	....
	Mittelwert (Summe/10)	....

Räumlich-materiale Ressourcen

	Summe (Merkmale **r**)	....
	Mittelwert (Summe/10)	....

KES-R-Profil

Einrichtung: _____ Datum 1. Beobachtung: _____

Gruppe: _____

Beobachter/in: _____ Datum 2. Beobachtung: _____

Bewertung

Dimensionen	Kurzbezeichnung der Merkmale		1	2	3	4	5	6	7
I. Ausstattung	Innenraum	1.							
	Mobiliar für Pflege, Spiel und Lernen	2.							
1. Beobachtung 2. Beobachtung	Ausstattung Entspannung und Behaglichkeit	3.							
	Raumgestaltung	4.							
Mittelwerte der Bereiche	Rückzugsmöglichkeiten	5.							
	Kindbezogene Ausgestaltung	6.							
	Platz für Grobmotorik	7.							
	Ausstattung für Grobmotorik	8.							
II. Betreuung und Pflege der Kinder	Begrüßung und Verabschiedung	9.							
	Mahlzeiten und Zwischenmahlzeiten	10.							
	Ruhe- und Schlafzeiten	11.							
	Toiletten	12.							
	Maßnahmen zur Gesundheitsvorsorge	13.							
	Sicherheit	14.							
III. Sprachliche und kognitive Anregungen	Bücher und Bilder	15.							
	Anregung zur Kommunikation	16.							
	Nutzung Sprache/kognitiver Fähigkeiten	17.							
	Allgemeiner Sprachgebrauch	18.							
IV. Aktivitäten	Feinmotorische Aktivitäten	19.							
	Künstlerisches Gestalten	20.							
	Musik und Bewegung	21.							
	Bausteine	22.							
	Sand/Wasser	23.							
	Rollenspiel	24.							
	Naturerfahrungen/Sachwissen	25.							
	Mathematisches Verständnis	26.							
	Nutzung Fernsehen, Video und/oder Computer	27.							
	Förderung von Toleranz & Akzeptanz	28.							
V. Interaktionen	Beaufsichtigung grobmotorische Aktivitäten	29.							
	Allgemeine Beaufsichtigung der Kinder	30.							
	Verhaltensregeln/Disziplin	31.							
	Erzieher-Kind-Interaktion	32.							
	Kind-Kind-Interaktion	33.							
VI. Strukturierung der pädagogischen Arbeit	Tagesablauf	34.							
	Freispiel	35.							
	Gruppenstruktur	36.							
	Vorkehrungen für Kinder mit Behinderungen	37.							
VII. Eltern und Erzieherinnen	Elternarbeit	38.							
	Berücksichtigung persönlicher Bedürfnisse d. Erz.	39.							
	Berücksichtigung fachlicher Bedürfnisse d. Erz.	40.							
	Interaktion und Kooperation der Erzieherinnen	41.							
	Unterstützung und Evaluation der Erzieherinnen	42.							
	Fortbildungsmöglichkeiten	43.							